競争戦略論の発展と
競争優位の持続可能性

與那原 建

［著］

文眞堂

はしがき

　本書は，1980 年代から本格化した競争戦略論について，その勃興期から 2020 年代の今に至るまでの理論的展開を整理しようというものである。著者は，2022 年 3 月で大学教員として定年を迎えるが，この間，特に競争戦略論の中心的テーマである企業の競争優位の持続可能性についての理論的研究に注力してきた。その研究成果を活かして，大学の講義でも使えるような競争戦略論の発展について整理した書物ができないだろうかと考え，何とかできあがったのが本書『競争戦略論の発展と競争優位の持続可能性』である。

　ところで，1980 年代から 2000 年代にかけての競争戦略論の発展についての研究といえば，どうしても青島・加藤（2003）に触れなくてはならない。かれらは，企業にとっての利益の源泉が企業の「内」にあるか「外」にあるのかという区分と，それが「いかなる要因」によって生まれているか，あるいは「どのようなプロセス」で生み出されるのかによって，競争戦略のアプローチを 4 つに整理した。それがポジショニング・アプローチ，資源アプローチ，ゲーム・アプローチ，学習アプローチであり，非常に分かりやすいまとめ方をしている。

　しかし，競争戦略論はその後もさらに発展を続けており，企業の競争優位の源泉についての研究はさらなる進展をみせている。本書では，1980 年代に展開された競争戦略研究もカバーするが，1990 年代以降の研究，特に組織能力，ダイナミック能力，両利きというキーワードで語られる新しい競争戦略研究に力点を置いているとこ

ろに大きな特徴がある。

　本書の概要を簡潔に示すと，次のようになる。

　第1章では，競争戦略論のアプローチとして，本書の基本的フレームワークを提示した。まずは上述した青島・加藤（2003）のモデルを紹介したうえで，それを参考にしながら，最近の研究動向も加え，市場ポジショニング論，コーペティション論・戦略ポジショニング論，資源ベース論・能力ベース論，ダイナミック能力論・両利き戦略論というように競争戦略論の発展を整理した。

　続く第2章は，本格的な競争戦略論の出発点ともいうべき，ポジショニングベースの競争戦略論を取り上げた。まずは，よく知られたポーターの市場ポジショニング論について，かれの構築したファイブフォースモデルをもとに解説を加えている。次に紹介したのが，ポーターの市場ポジショニング論はスタティックな分析枠組だとの批判に応える形で登場したダイナミックな市場ポジショニング論である。これはゲーム理論のアイデアを援用し，競争における企業間の相互作用というダイナミックな視点を導入したものであり，競争（コンペティション）と同時に協力（コーオペレーション）も強調されるため，この2つの言葉を組み合わせて「コーペティション論」ともよばれる。そして第2章の最後では，「魅力度が高い業界・市場に自社をポジショニングしたとしても，そこに所属する企業すべてのパフォーマンスが高いわけではない」という指摘に対するポーターの反論に言及した。すなわち，どれほど恵まれた環境（市場）にあろうとも，そこで追求される行動（戦略）が不適切なものだと競争優位にはつながらないというポーターの戦略ポジショニング論である。

　ところが戦略ポジショニング論では，類似の戦略を追求する企業群の間にも存在するパフォーマンスの違いを説明できない。このこ

とから，他社とは明らかに異なる独自の資源や能力をもっているからこそ，同じような戦略をとっていたとしてもそうした企業は優れたパフォーマンスを実現できるとみるべきだとする資源・能力ベースの競争戦略論が台頭してくることになる。これにフォーカスしたのが第3章だ。そこでは，まずこの新しい競争戦略論の先駆的研究と位置づけられる伊丹の情報的資源論を紹介し，それが資源ベース論，能力ベース論の形成にどのような影響をあたえたかを論じた。そのうえで，持続的競争優位の源泉となる資源の属性は何かということを追究した資源ベース論を取り上げ，同理論の代表的な分析枠組であるVRINフレームワークによって，資源の属性研究ともよぶべき資源ベース論の考え方を明らかにした。さらにこの3章では，資源ベース論の弱点を克服しようとダイナミックな視点にたち，組織能力というコンセプトによって企業の持続的な競争優位を説明しようとする能力ベース論についても検討している。そこでは，能力ベース論の代表的研究（グラント，プラハラド＆ハメル，ストークほか）を紹介しながら，組織能力が資源と組織ルーティンから構成され，組織ルーティンによって諸資源が適切に組み合されることで組織能力が生まれ，それが企業の競争優位の持続可能性を高めるとみる能力ベース論の考え方について整理した。

　この能力ベース論の批判的研究についてみた第4章では，その代表ともいうべきコア・リジディティ論とイノベーターのジレンマ論に注目した。これらは，特定の状況において競争優位の源泉であった組織能力が，これまでと異なる状況では逆に障害になるおそれがあることを強調するものである。競争優位を持続するには，変化した新たな環境に適合するような，これまでとは異なる，新たな組織能力を構築しなければならない。それが，コア・リジディティ論とイノベーターのジレンマ論に共通する能力ベース論への批判であ

り，組織能力が持続的競争優位の源泉になるという能力ベース論の捉え方には限界があることを指摘した。

　そのような問題を踏まえ，ダイナミックな環境変化の中でも，絶え間なく，自社の組織能力を改良，拡大，再構築できる能力をもつところだけが，競争優位を持続させることができるととらえるのが，ダイナミック能力論と両利き戦略論である。いずれも，能力ベース論をさらにダイナミックに展開しようとする試みといえ，競争優位の持続可能性の研究を大きく進展させたという意味で，競争戦略論の新展開として，第5章で取り上げている。

　終章では，ダイナミック能力と両利き能力が企業の競争優位の持続可能性を高めうるキー・コンセプトであるとしたうえで，2つのポイントを指摘した。それが，競争優位の持続というものを長期的・安定的に捉えるのではなく，競争優位を持続させているところは，一時的な競争優位を連鎖して獲得している企業ととらえるべきであること，そして2つめは，このような持続的な競争優位の実態をもとに，それを競争戦略論の最新の研究成果であるダイナミック能力および両利き能力とリンクさせて，一時的競争優位を連鎖的に獲得している企業の長期的な戦略経路を描けるということだ。そうすることで，競争戦略論の発展を踏まえた企業の競争優位の持続可能性について整理できるのではないかと筆者は考えており，企業の長期的な戦略経路図を本書のまとめとして提示してある。

　なお，本書の公刊は，多くの方々からのサポート抜きにしては実現しえなかった。まずは神戸商科大学（現兵庫県立大学）元学長の後藤幸男先生に御礼を申し上げなくてはならない。大学院生の頃から先生にはさまざまなご指導ご支援をいただいている。先生の厳しいながらも，愛情に満ちた教えを忘れることができない。

　兵庫県立大学名誉教授の中橋國藏先生の存在は本書を完成させる
うえで欠かせないものであった。経営戦略・競争戦略を研究してい
くうえで先生から学んだものはきわめて大きく，筆者はつねに先生
の研究から刺激を受け続けている。

　筆者の学部時代の恩師である琉球大学名誉教授の豊岡隆先生，そ
して大阪市立大学名誉教授（現滋慶医療科学大学院大学教授）の狩
俣正雄先生には，学部学生の頃から現在に至るまでたいへんお世話
になっている。両先生からはいつも温かく，的確な助言をいただい
た。衷心より感謝申し上げたい。

　そして近畿大学の浦崎直浩先生，兵庫県立大学の當間克雄先生，
専修大学の山内昌斗先生にも謝意を表したい。いずれも学部時代の
後輩であるが，かれらの研究に対する意欲的な姿勢からは大きな刺
激を受けている。

　また琉球大学国際地域創造学部経営プログラムの先生方，とりわ
け大学院生の頃からの永い付き合いである大角玉樹先生からは多く
のものを得ることができた。さらに研究会を通じて名桜大学の大城
美樹雄先生，沖縄国際大学の城間康文先生，元沖縄女子短期大学非
常勤講師の上間創一郎先生と議論できたことも筆者の力となってい
る。先生方に感謝申し上げたい。

　それ以外にも学会を通じて多くの先生方からさまざまな助言をい
ただくことができた。残念ながら，すべてのお名前を記すことはで
きないが，この場を借りて謝意を表したい。

　なお出版事情が厳しい中にもかかわらず，本書の出版をお引き受
けいただいた文眞堂の前野弘太氏にも心より御礼を申し上げる次第
である。

　最後に，私事で恐縮だが，いつも支援してくれる両親，怠惰な筆
者を激励・応援してくれた妻にも御礼を言いたい。そしてコロナ禍

の中，医師・薬剤師として医療現場で頑張っている息子と娘からも
大きな刺激をもらった。あらためて家族に深く感謝したい。

　2022 年 3 月

與那原 建

目　　次

第1章

競争戦略論のアプローチ

　1980年代から2000年代にかけての競争戦略論の発展について上手に整理した研究といえば，何といっても青島・加藤（2003）のそれであろう。かれらによれば，競争戦略のアプローチは，持続的な競争優位の源泉が企業の「内」にあるか「外」にあるのかという区分と，その源泉が「いかなるもの」によって生まれているかという「要因」に着目するのか，あるいはそれが「いかにして」生み出されるのかという「プロセス」に力点を置くかによって，ポジショニング・アプローチ，資源アプローチ，ゲーム・アプローチ，学習アプローチの4つに整理できるという（図1）。

　しかし，競争戦略論はその後もさらに発展を続けており，企業

図1　競争戦略論の4つのアプローチ

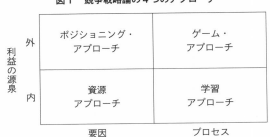

（出所）青島・加藤（2003），26頁。

の持続的競争優位の源泉についての研究はさらなる進展をみせている。本研究は1980年代に展開された競争戦略研究もカバーするが，1990年代以降の研究，特に組織能力，ダイナミック能力，両利きというキーワードで語られる新しい競争戦略研究に力点をおいて議論を進めていくことにしたい。

　本書の基本的フレームワークを示しておこう。図2に注目していただきたい。そこに示されているように，本書では上述した青島・加藤のものを参考にしつつ，2つの軸で競争戦略論の発展を整理することにした。

　ひとつは，競争戦略論の中心テーマである企業の持続的競争優位の源泉は何かという軸で，競争優位の持続可能性を高めるファクターとして，企業が競争する場である業界や市場，および企業の有する資源や能力の2つを取り上げた。競争する土俵をどこに設定するかによって競争優位が決まるというのが前者，当該企業の有する資源や能力が競争優位をもたらすとみるのが後者の立場だ。

　もうひとつは，アプローチの性格に注目した軸である。企業の持続的競争優位の源泉を特定し，なぜそれが持続的優位につながるか

図2　競争戦略論の発展

競争優位の源泉

	業界（市場）	資源・能力
スタティック	市場ポジショニング論	資源ベース論 能力ベース論
ダイナミック	コーペティション論 戦略ポジショニング論	ダイナミック能力論 両利き戦略論

（縦軸：アプローチ）

を説明しようというのがスタティック・アプローチ，これに対して持続的競争優位の源泉そのものが経時的に変化するとみて考察を進めるのがダイナミック・アプローチといってよい。要は時間の変化を考慮するか否かという違いであり，時間という要素を考慮しない場合は静態的（スタティック），考慮するのであれば動態的（ダイナミック）と特徴づけられるというわけだ。

　これら2つの軸を組み合わせると，競争戦略論の発展方向が4つに整理できることになる。まず左上は，持続的競争優位の源泉を当該企業が競争する場として選択した業界や市場であるととらえて，議論する方向であり，企業がどこに自社を位置づけるか（ポジショニングするか）が決定的に重要とみているため，それは「市場ポジショニング論」とよばれる。このスタンスに立つのが言わずと知れた競争戦略論の大家，ポーター（1980）である。かれはあまりにも有名なファイブフォースモデルを構築し，それを活用することで競争優位を獲得しやすい業界や市場へのポジショニングが可能になると説いた。すなわち，業界ポジショニング，市場ポジショニングの重要性を強調したのだ。

　2つめの議論の方向（左下）は，持続的競争優位の源泉として，業界や市場に注目しつつも，それをダイナミックな視点でとらえようというものだ。ポーターのファイブフォースモデルが競争戦略論の発展に多大な影響を及ぼしたということに異議を唱える者はいないだろう。ただこのファイブフォースモデルの問題点としてよく指摘されるのは，それがスタティックな分析枠組であるということだ。この点に着目して，ファイブフォースモデルを進化させたのがネイルバフ＝ブランデンバーガー（1996）だ。かれらは，ゲーム理論のアイデアを援用した競争戦略論を展開し，競争の相互作用を考慮した「価値相関図」（Value Net）というモデルを構築しており，

その意味で，ダイナミックな戦略アプローチをとっているといえる。これは業界や市場に注目しつつも，そこにダイナミックな視点を導入していることから，ダイナミックな市場ポジショニング論と捉えて差し支えないだろう。このアプローチでは後述するように，競争（コンペティション）と同時に協力（コーオペレーション）も強調されるため，この2つの言葉を組み合わせて「コーペティション論」ともよばれる。

　この左下のセルには，戦略ポジショニング論も加えたい。注意すべきは，ポジショニングベースの競争戦略論で重視されているのが，業界や市場のポジショニングのみではないことだ。それだけではポジショニング論は完結しない。ダイナミックな視点に立った戦略のポジショニングもカバーしなければ，片手落ちになってしまう。ポジショニング論の生みの親であるポーターに言わせれば，市場のポジショニングによって，魅力的な市場に自社を位置づけたとしても，そこで追求される戦略のポジショニングが不適切なものであれば競争優位は実現しないのだ。さらには，昨今の環境変化も踏まえ，利益を実現しやすいような魅力的な業界や市場は限られてきており，その意味で市場のポジショニングの重要性は低下しているともいう。だからこそ，戦略のポジショニングの意義がいっそう高まっているとポーターはとらえるのである。

　3つめ（右上）は，企業の有するユニークな資源や能力を持続的競争優位の規定因とみなす立場だ。それはまず「資源ベース論」とよばれるアプローチから出発した。実はこの資源ベース論の発展に寄与したのが伊丹敬之（2003）の情報的資源論だ。伊丹は持続的競争優位の源泉となる資源の属性を明らかにしたうえで，それを備えているのが情報的資源だと主張した。この資源属性の研究が資源ベース論として結実し，情報的資源の重要性についての研究が能力

ベース論に継承されることになる。資源ベース論では，持続的競争優位の源泉となる資源の属性を①有価値性，②希少性，③模倣困難性，④代替困難性の４つに整理している（バーニー 1991）。これらを併せ持つ資源こそが持続的競争優位をもたらすと主張したものの，残念ながらそれが具体的に何なのかが明確にされたとは言い難い。この問題の解明に取り組んだのが能力ベース論にほかならない。この能力ベース論の最大の貢献は，資源と能力を明確に区別し，前者は能力の源泉に，そして後者が持続的競争優位の源泉になるととらえたことであろう。かれらのいう能力は個人の能力と区別されるべき企業全体としての組織能力にほかならない。よって，能力ベース論では，資源ベース論の指摘した４つの属性をすべて備えた組織能力こそが持続的競争優位の源泉になるとみるのである。

　そして４つめ（右下）が最新の競争戦略論をなしている。まずダイナミック能力論は，企業を取り巻く環境が大きく変化すると，自社に競争優位をもたらしてくれた組織能力が有効でなくなってしまうととらえる。そこで必要になるのが，既存の組織能力に変わる新たな組織能力の構築だ。ダイナミックな環境変化の中でも，絶え間なく，自社の組織能力を改良，拡大，再構築できる能力，すなわちダイナミック能力をもつところが，持続的競争優位を実現できるととらえるのが，ダイナミック能力論であり，これは能力ベース論をさらにダイナミックに展開しようとする試みといえる。それをさらに発展させようというのが両利き戦略論だ。ダイナミックな環境変化をふまえつつ，企業が競争優位の持続可能性を高めるには，既存事業の深掘りと新規事業の探索を同時に行わねばならないという問題意識にたつ。すなわち，利き腕のように右（既存事業の深耕）も左（新規事業の探索）も使える（両立させることができる）両利き戦略の重要性を強調するのである。

　このように，競争戦略論における持続的競争優位の源泉について
の研究は，大きく言えばポジショニングから組織能力・ダイナミッ
ク能力へと変遷を見せている。ただ誤解してほしくないのは，ポジ
ショニングが意味を成さないということではないということだ。繰
り返すが，ポジショニング論自体も，昨今の環境変化を踏まえ，
市場ポジショニングのウエイトが下がってきていることを認めて
いる。ただし，だからこそ戦略ポジショニングの重要性がいっそう
高まっていることを強調する。この戦略ポジショニングの基礎にな
るものが，組織能力であって，両者の関係は相互補完的であるとみ
なくてはならない。そうとらえたうえで，激変を続ける環境のもと
で，新たな組織能力を構築し続けることこそが競争優位の持続可能
性を高めるとみるダイナミック能力論と両利き戦略論はこれまでの
競争戦略論を統合する可能性をもつきわめて有望なアプローチだと
本書では主張したい。

　では，図2にしたがって，それぞれの競争戦略論についてみてい
くことにしよう。

第2章

ポジショニングベースの競争戦略論

I　市場ポジショニング論

　本格的な競争戦略研究は，上述したように，業界ないし市場を持続的競争優位の源泉とみるスタティックな戦略アプローチから始まった。その主なアイデアは，競争優位の獲得・維持のためには，「利益を獲得しやすい構造特性をもつ業界に自らの事業を位置づける（ポジショニング）ことが不可欠となる」（ポーター 1980）というものであった。この理論がポジショニング論，あるいは市場ポジショニング論とよばれる所以だ。

　周知のとおり，市場ポジショニング論は経済学の産業組織論をベースにしており，業界（市場）構造が企業の行動を制約し，その結果として業界全体のパフォーマンスとそこに所属する企業のパフォーマンスを規定すると考えるところに最大の特徴がある。この視角に立てば，魅力的な構造をもった業界を探求すること，あるいは現在所属している業界を魅力的なものに変えることが企業にとって重要な戦略課題となる。では，魅力的な業界構造とはどのようなものであろうか。ポーターは，「業界の魅力度，すなわち業界の利益率が，①業界内の既存企業間の競争の激しさ，②新規参入の脅威，③代替品の脅威，④買い手の交渉力，⑤売り手の交渉力，という5つの要因の生み出す競争圧力によって決まる」というファイブ

図3　ファイブフォースモデル

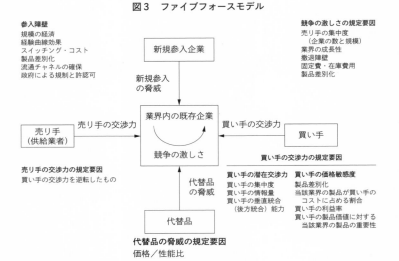

（出所）ポーター（1985），6頁の図を参考に作成。

フォースモデルを構築し，それが市場ポジショニングのベースにな
るとみた。ファイブフォースモデルにしたがえば，①業界内の既存
企業間の競争が激しくないほど，②新規参入の脅威と③代替品の脅
威がそれぞれ小さいほど，④買い手の交渉力と⑤売り手の交渉力が
ともに弱いほど，その業界の魅力度は高まっていく。図3にファイ
ブフォースとそれぞれを構成する下位要因が示されているが，それ
について解説を加えておこう。

1　業界内の既存企業間の競争の激しさ（フォース1）

　業界に競争圧力を生み出す第1のフォースは，業界における既存
企業間の競争の激しさであり，それは5つの下位要因からなる。業
界内の競争の激しさは価格競争（安売り競争）に陥りやすい業界な
のかどうかで決まり，それを規定しているのが以下で述べる下位要

因である。もちろん，価格競争に陥りやすいような，競争の激しい業界では，利益率が小さくなるというのは言うまでもない。

(1)　売り手集中度（企業の数と規模）

売り手集中度というのは，その業界が何社で占められているか，各社の市場占有率（シェア）の格差（規模の格差）がどれくらいかを示す指標であり，それが高い（企業数が多く，企業間の規模の格差が小さい）ほど，競争は激しくなる。企業数によって競争の激しさが影響されることは説明を要しないだろうが，企業間の規模の格差については少し補足をしておこう。たとえば，業界内の上位4社のシェアがいずれも25％である場合と，1社が70％のシェアを有し，残りを10％ずつで分け合っている場合では，前者の方が競争は激しくなる。なぜなら，圧倒的なシェアを有する企業が存在しないため，どの企業もリーダーシップを発揮できず，協調的行動がとられにくい（価格競争が起きやすい）からである。後者の場合は，トップ企業がリーダーシップを発揮して，価格競争は起きにくくなる。

(2)　業界の成長性

業界における需要の成長率が高ければ，その業界に参入しているすべての企業が成長できるが，成長率がゼロもしくはマイナスの場合，ある企業が成長した分だけ，他社の売上が減少する。このため，シェアの奪い合いとなり，価格競争につながる可能性が大きくなる。かくて低成長のもとでは，競争は激化せざるをえない。

(3)　撤退障壁

撤退障壁とは，業界からの撤退を妨げる要因をいい，その大きさ

は撤退費用で決まる。たとえば，撤退にあたって生産設備の処分が必要になる場合，汎用の設備であれば転売できるため撤退障壁は低くなるが，業界に特化した生産設備については転売できず，設備の撤去費用を考えなくてはならなくなるため，障壁が大きくなり，撤退しにくくなる。これ以外にも，従業員の再訓練に関わる費用，既存顧客に対する補償，工場の所在地域との関係，あるいは企業のメンツといったことも撤退障壁に含まれる。このような撤退障壁が高いと，需要が減少したり，成長が鈍化しても事業を継続することになるため，競争は激化しやすい。

(4) 固定費・在庫費用

固定費や在庫費用の高さも競争の激化につながりやすい。たとえば，鉄鋼を代表とする素材産業では生産設備を連続的に稼働させることが効率の点で重要であるため，固定費が高くなりがちだし，また飛行機をほとんど空席の状態で飛ばしても満席で飛ばしてもあまりコストが変わらない，という意味で航空業界の固定費も高いといってよい。このように固定費が大きいウエイトを占める業界の場合，企業はシェアを高めるために薄利多売をおこなおうとし，その結果，価格競争が起こりやすくなる。

加えて，在庫費用にも注意が必要となる。鮮度が問題になるような業界（たとえば，乳業）の場合，在庫は廃棄ロスに直結する。よって，在庫費用の高い業界や在庫にできない業界では，価格競争が起きやすくなる。

(5) 製品差別化

製品差別化とは，自社製品に，特別な品質・性能，ブランド，イメージ，サービスなどを特性として付与して，競合製品との間に顧

客がそれよりも高く評価するような差異を創り出すことである。製品の差別化が図りにくい場合，どうしても価格を競争の手段にせざるをえなくなるため，価格競争の激化につながる。ガソリンを例にとるとわかりやすいだろう。ガソリンについて特定のブランドを志向する人はおそらく少ないだろう。それはガソリンが差別化しにくいからに他ならない。その結果，ガソリンは価格競争に陥りやすい。ある地域のガソリンスタンドが値下げに踏み切ると，近隣のスタンドもこれに追随するという状況を，われわれはこれまで何度となく目にしてきたはずである。

2　新規参入の脅威（フォース 2）

　新規参入の脅威が業界の利益率を規定する第 2 のフォースであり，そうした脅威がどの程度なのかについては，参入障壁（参入を妨げる要因）の大きさによって決まる。いま，価格以外の次元で競争が行われることで，ある業界が高い利益を実現しているとしよう。その場合，多くの企業が利益を求めてこの業界に参入しようとするだろう。このとき，新規参入がスムーズに行われると，競争する企業の数が増えるため，競争が激化し，価格競争に陥りやすくなってしまう。ところが，参入障壁によって新規参入を阻止することが可能であれば，その業界はこれまで通り高利益を維持することができるだろう。よって，参入障壁に守られているような業界では，新規参入の脅威が小さくなるため，利益率が高くなるのである。

　おもな参入障壁には次のようなものがある。

⑴　規模の経済

　規模の経済とは，一定の単位期間（1 年間，1 ヵ月間など）の生

産量が増えるにつれて製品単位当たり生産費が低下することをいう。規模の経済が存在する代表的産業は自動車であろう。自動車産業では，1つの車種を開発するのに何百億円という膨大な費用がかかり，またそこで低コストを実現するには，年間400万台以上の自動車販売が必要だといわれている。これは，自動車産業が大規模な生産体制を持たなければ成立しないような構造になっていることを意味している。いうまでもなく，規模の経済を享受できるだけの事業規模を実現するのは簡単なことではない。またそうするのに必要とされる資金も巨額なものにならざるをえない。この意味で，規模の経済は参入障壁として作用するのである。

(2)　経験曲線効果

　経験曲線効果とは，累積生産量が2倍になるたびに，製品単位当たり費用が一定比率（通常は20%〜30%）で低下するという節約効果を意味している。規模の経済が，「一度に100個作るよりも200個作るほうが，1個当たりのコストは安くなる」という効果であるのに対し，経験曲線効果は，「100個目よりも150個目，150個目よりも200個目の方が，安く作れる」というものである。経験曲線効果が生じるのは，生産や販売などの活動を継続的に遂行していく過程で，従業員の習熟や専門化による効率の向上があり，費用の削減につながるような製品の標準化，素材変更，設計変更，生産工程の改善などが行われるからである。つまり，この効果は自動的に生まれるのではなく，企業組織のメンバーの学習と費用削減努力によって生まれてくるものだといえる。新規参入企業が経験曲線効果を享受しようとしても，累積生産量を増やすには時間がかかるため，累積生産量の多い既存企業よりも製品単位当たり費用を低くすることは簡単にはできない。

(3)　スイッチング・コスト

　製品の購入先を変更（スイッチ）したときに，顧客の側に発生する費用をスイッチング・コストという。こうしたコストには，金銭的なものだけでなく，時間，手間，心理的抵抗なども含まれる。パソコンやゲーム機で機種を変更すれば操作方法を新たに学習しなければならず，新しいソフトを買い揃える必要が出てくるかもしれない。かつて携帯電話では，事業者をスイッチすると電話番号が変わるため，新しい番号を関係者に知らせなければならなかった（現在では「番号ポータビリティ制度」の導入によって，この負担は解消されている）が，それは結構な負担であった。また，シャンプーや石鹸といった製品の場合，毎回同じものを購入する人が多い。これは，「新しい商品を探すのは面倒だ」からであり，また「これまでの製品が自分に合っているのに，新しい商品にして失敗するのを避けたい」と考えるからであろう。これらはすべてスイッチング・コストの例である。スイッチング・コストが大きいと，顧客は製品購入先の変更を躊躇するから，新規参入企業が既存企業の顧客を奪うことは難しくなる。かくて参入が妨げられる。

(4)　製品差別化

　すでに述べたように，製品差別化とは自社製品と競合製品との間に価格以外の面で顧客が高く評価するような差異を創り出すことであった。製品差別化は業界内の競争状態に影響するだけでなく，参入障壁にもなる。製品差別化が強力な参入障壁になるのは，たとえば既存企業がブランドで差別化を実現している場合であろう。ブランドの構築がその業界で重要な競争要因であるとすれば，新規参入企業は同様のブランドを確立しなければならなくなる。ところが，ブランドという経営資源は金を出しても買えず，作るのにも時間が

かかる。こうした資源をベースに製品差別化が行われているような業界では，新規参入はほとんど行われないであろう。

(5) 流通チャネルの確保

流通チャネルを確保できるかどうかも，新規参入の有無に影響する。特に，食品，飲料といった製品では，コンビニエンスストア，ドラッグストア，総合スーパーなどの小売店がどれくらい棚を割り当て，販促をしてくれるかが重要であり，既存企業が小売店の棚スペースを先取りしているような場合，新規参入は大きく制約されることになってしまう。また音楽コンテンツの業界ではメディアというチャネルへの露出を確保できなければ，新規参入はきわめて難しい。

(6) 政府による規制と許認可

政府による規制と許認可は最もわかりやすい参入障壁であろう。そうした障壁で守られた業界では新規参入が制限されるため，高い利益率を実現できる。特に，知識集約型産業では，特許，著作権などの知的財産権が主要な参入障壁となる。たとえば，ゼロックスが1970年代中頃まで，世界の普通紙複写機の業界でほとんど独占に近い地位におれたのは，乾式複写（ゼログラフィー）に関係する2000以上もの特許に守られていたからだといわれている。

ここで，似たような要因であっても，前に述べた業界内の既存企業間の競争の激しさと新規参入の脅威とでは，競争の程度におよぼす影響が反対方向に働くということに注意して欲しい。たとえば，費用構造の中で固定費が大きいと既存企業間の競争は激しくなるが，固定費が大きいことで規模の経済が働き，参入障壁が高くなる

ので，新規参入の脅威は小さくなる。また，巨額の投資が必要な場合，新規参入の脅威は弱まるものの，生産能力を柔軟に変えにくくなり，余剰能力を抱えるようになりやすいため，既存企業間の競争は激しさを増す。したがって，業界分析にあたっては，いずれが業界における競争状態により大きく作用しているかを検討しなければならない（淺羽・須藤 2007）。

3　代替品の脅威（フォース 3）

　業界の利益率を規定する第 3 のフォースは，代替品の脅威である。代替品とは，類似した顧客のニーズを異なった形で満たすものであり，当該業界の製品と同じ機能を果たすが，それとは全く別の技術に基づいた製品をいう。たとえば，いまやわれわれの生活において必須アイテムの 1 つとなった携帯電話・スマートフォンであるが，その代替品といえば，固定電話がすぐに頭に浮かぶはずだ。固定電話というのは携帯電話の主要機能である音声通話で代替関係にある製品だが，それ以外にも携帯電話の代替品が存在する。それは，時計やカメラであり，それぞれ時刻の表示および撮像という携帯電話やスマートフォンの付加的機能を代替しており，やはりその代替品といえる。ここで注意しなくてはならないのは，付加機能といってもそれが代替される側の業界に大きな影響を与える可能性があることである。実際，携帯電話やスマートフォンの普及にともない，腕時計やカメラの業界はマイナスの影響を受けているように思われる。この例のように，代替品が分かりにくい形で存在し，かつそれが深刻な影響を与える可能性もあることに注意しなくてはならない（青島・加藤 2003）。

　価格以外の次元で競争が行われ，かつ参入障壁が高い業界であっても，その業界の製品が満たしている顧客ニーズを異なる方法で充

足する「代替品」に需要がシフトしてしまうかもしれない。このとき問題になるのは，代替品の価格性能比の大きさである。代替品の価格当たりの性能・機能が当該業界の製品よりも高ければ，当該業界の製品は代替品に取って代わられることになり，最悪の場合，業界そのものが消滅してしまう可能性すら考えられる。ワープロ専用機の登場で和文タイプライターが不要になり，パソコンの普及によってやがてワープロ専用機も姿を消すことになった。またレコードがCDに代替されることによってレコード針業界は壊滅的な打撃を受けた。これらは，いずれも技術革新によって代替品の価格性能比が向上し，代替された側の業界が衰退してしまったケースである。それからわかるように，代替品の脅威の大きさが当該業界全体の大きさ（価格や収益性の上限）を規定することになるのである。

4　買い手と売り手の交渉力（フォース4・5）

　さて，業界の利益率を規定するファイブフォースのうち，3つまで述べてきた。残る2つのフォースは買い手の交渉力と売り手の交渉力である。これらの要因は，それぞれ独立して業界の収益性に影響をおよぼすと考えられる。簡単に言えば，両者の交渉力がともに小さければ，売り手から安く買い，買い手に高く売ることができるからだ。このフォース4・5の買い手と売り手の交渉力に関しては，買い手に注目し，かれらの交渉力を規定する諸要因について整理してみたい。売り手の交渉力については，ここで述べる買い手の交渉力を逆転したものを考えればよい。

　言うまでもなく，買い手の交渉力が強いと，製品の値上げは難しくなるし，それどころか値下げを求められるかもしれない。ゆえに，買い手の交渉力の大きさは業界の利益率を規定することになる。買い手の交渉力は，かれらの価格敏感度と潜在交渉力によっ

て決まり，その度合いはいずれも以下で述べる下位要因に左右される。

　買い手の潜在交渉力に影響するのは，買い手の集中度，当該業界の製品に対する買い手の情報量，スイッチング・コスト，買い手の垂直統合能力などである。

(1)　買い手の集中度

　買い手の数が少なく，かつその購入量が多いほど，かれらは売り手にたいして大きなパワーをもつことになる。そのような場合，売り手は買い手が提示した価格に不満があっても，かれらの代わりを見つけにくいし，またその購入量の大きさを考えると，彼らとの取引関係をストップしたときのマイナス面はきわめて大きくなる。その結果，買い手の意向にしたがわざるをえなくなる。

(2)　買い手の情報量

　当該業界の製品についての情報を買い手が豊富にもっていると，これをもとに買い手は交渉を有利に進めることができる。たとえば，トヨタ自動車は供給業者にたいする価格交渉力の大きさで知られるが，それはトヨタが供給業者のコスト情報を豊富に持つからにほかならない。トヨタのように，自動車の設計段階から供給業者を巻き込むと，彼らへの依存度が高まり，スイッチング・コストを発生させるため，価格交渉力を失いがちだが，トヨタは情報量の豊富さでこの問題を克服している（西谷 2007）。

(3)　買い手の垂直統合能力

　垂直統合とは，特定の製品の製造・販売に必要な諸活動のうち自社が遂行する活動の種類を増やすことをいう。それは，活動の技術

的な先行順位に注目することによって，原材料採掘のような最初の段階に垂直統合する後方統合と，最終顧客の方向に垂直統合する前方統合に区別される。買い手の交渉力に関しては，前者の後方統合が問題となる。買い手がそうした後方統合能力をもっておれば，実際に垂直統合を行わなくとも脅しをかけるだけで，交渉力を大きくすることができるだろう。

　買い手の交渉力を決めるもう1つの要因が彼らの価格敏感度である。買い手が製品の価格にたいしてどれだけ敏感であるかは，製品差別化，当該業界の製品が買い手のコストに占める割合と買い手の利益率，買い手の製品価値に対する当該製品の重要性，に左右される。

(4)　製品差別化

　売り手の提供する製品が差別化されたもので，買い手がそれを好んで使用しているような状況では，スイッチング・コストが発生するため，彼らは価格にそれほど敏感でなくなる。逆に，売り手の提供する製品がコモディティ（品質や規格が標準化された製品）であれば，買い手の価格敏感度はきわめて強くなり，価格による選択が中心となる。

(5)　当該業界の製品が買い手のコストに占める割合，買い手の利益率

　当該業界の製品が買い手のコストの中で大きな割合を占めている場合や，買い手が十分な利益をあげていないような場合，彼らはどうしても価格に敏感になり，値下げを強く迫るようになる。これらは，買い手の価格交渉力を規定するものというより，彼らが交渉にあたって，どれほど強く自社の利益を主張するかを左右する要因と

とらえるのが正確であろう。

(6)　買い手の製品価値に対する当該業界の製品の重要性

　当該業界の製品が買い手の製品の質に与える影響が大きくなるにしたがい，買い手の価格敏感度は小さくなっていく。たとえば，マイクロプロセッサーのメーカーであるインテル（売り手）にたいするパソコンメーカー（買い手）の交渉力が限定されているのは，マイクロプロセッサーという部品がパソコンの機能性にとって決定的に重要だからにほかならない。

　以上がポーターのファイブフォースモデルについての解説である。繰り返すが，このモデルの結論は，①業界内の既存企業間の競争が激しくない（緩やかな）ほど，②新規参入の脅威が小さいほど，③代替品の脅威が小さいほど，そして④買い手の交渉力が弱いほど，⑤売り手の交渉力が弱いほど，業界の利益率は高くなるということだ。したがって，企業が競争優位を維持するには，上記の①〜⑤の条件が成立する業界で事業を展開するか，あるいはそうした条件を創り出すように経営戦略を展開しなければならない。市場ポジショニング論では，この点を重視するのである。

Ⅱ　コーペティション論
　　（ダイナミック・ポジショニング論）

　その後，「ポーターの市場ポジショニング論はスタティックな分析枠組であり，それでは競争における企業間の相互作用を十分に考慮できない」（グラント　2002；ロバートソン＝カルダール　2009）という問題が提起されるようになった。この批判に応える形で登場

してきたのが，ゲーム理論のアイデアを援用した競争戦略論であり，それは競争の相互作用のモデル化を試みていることから，ダイナミックな戦略アプローチといえる。その意味で，すでに述べたように，このアプローチはダイナミック・ポジショニング論とよぶことができるし，企業間の競争（コンペティション）のみならず，企業同士の協力（コーオペレーション）も強調されるため，この2つの言葉を組み合わせてコーペティション論ともよばれることもある。

　そこでは，ポーターのファイブフォースモデルを次のように批判する。このモデルでは，業界内の企業の利益を小さくする競争圧力のひとつとして，代替品の脅威を挙げているが，製品どうしの関係には，代替だけではなく，補完という関係もあることを見逃している。またファイブフォースモデルでいう競合企業は同じ業界に所属する他企業であった。しかし，同業他社だけが競合企業とは限らない。むしろ，異業種の企業が大きな脅威となる競合企業かもしれないという批判である。

　このような問題意識にたって，ファイブフォースモデルを拡張した価値相関図とよばれる分析枠組を構築し，ダイナミックな市場ポジショニング論ともいうべきコーペティション論を展開したのがネイルバフ＝ブランデンバーガー（1996）であった。

　簡単にいうと，業界分析に補完品を供給する補完的企業を組み込むとともに，競合企業というものを広く捉えることができる分析枠組が価値相関図にほかならない。価値相関図でいう補完的企業とは，自社製品の価値を大きくしてくれる製品の供給者（コンピュータ業界やゲーム業界のハードウェアメーカーに対するソフトウェアメーカーが補完的企業の典型例）をさす。補完的企業をこのように捉えたうえで，それとは逆に，顧客がある製品を所有することで，

図4　価値相関図（バリューネット）

（出所）ネイルバフ＝ブランデンバーガー
(1997), 29 頁。

自社製品の価値が小さくなるなら，そうした製品の供給者すべてを
競合企業とみなせばよいというのがネイルバフ＝ブランデンバー
ガーの主張である。競合企業をこのように定義することで，同業他
社はもちろんのこと，異業種に潜んでいる企業をも競合企業として
識別できるようになるであろう。これはかれらの大きな貢献といえ
る。

　価値相関図にしたがえば，同業他社が競合関係だけでなく，補完
的な関係にもあり，しかもそれは時間の経過とともに変化していく
ということもわかってくる。その典型例が規格競争であろう。古い
話になってしまうが，ホームビデオの規格競争の例はよく知られて
いる。ソニーのベータマックス方式と日本ビクターの VHS 方式と
の競争だ。競争の結果，VHS 方式がいわゆる「デファクト・スタ
ンダード」（事実上の標準）となったが，驚くべきは VHS という
規格がベータマックスよりも技術的に優れていたからスタンダード
になったわけではないことだ。技術的にみれば，ベータマックスの
方が優れていたとの声もあったという。では，なぜ VHS は規格競
争に勝利できたのだろうか。その秘密は，「ネットワーク外部性」
にある。

　ネットワーク外部性というのは，製品のユーザー数あるいはネッ

トワークのサイズが大きくなるにしたがって，その製品からえられる便益が大きくなることを意味しているが，規格競争において，どの規格が標準になるかは，このネットワーク外部性が大きく作用する（中橋 1997b）。日本ビクターのとった戦略行動もまさしくこのネットワーク外部性を活かそうというものであった。まず親会社の松下電器（現パナソニック）に働きかけ，その後日立製作所，三菱電機，シャープなどと VHS 陣営を形成した。そのために，陣営の企業に技術情報を積極的に開示し，試作機などの無償貸し出しも行ったという。それが功を奏し，VHS はデファクト・スタンダードになり得たのである。

　このように，規格競争では何よりも規格の供給量を増やすことが重要となるため，同業他社と補完的・協調的関係を構築する必要がでてくる。ただ注意しなければならないのは，自社の推す規格が標準になった後は，協調した企業と製品レベルで競争しなければならない。すなわち，価値の創造ではパートナーであるが，価値の配分ではライバルになるというわけだ。このように規格競争においては，同業他社との関係は競争と協調という2つの側面がみられ，しかもそれはダイナミックに変化していくのである。

　ポーターのファイブフォースモデルで挙げられた要因はすべて自社から利益を収奪する可能性のある敵として捉えられていた。しかし価値相関図において，自社以外の外部要因との補完的関係を考慮することで，かれらが自社の利益を増大させる可能性が示されていることは重要である。上述した規格競争のように，同業他社であっても補完的な役割をはたすかもしれない。またそれぞれの外部要因が，ある時点では協力相手であり，他の時点では競合企業となることにも気づかされる。その意味で，価値相関図は業界の構造分析をダイナミックなものに再構築した枠組（與那原 2008b）といえよう。

　このゲーム理論から導かれたダイナミック・ポジショニング論
（コーペティション論）の貢献は決して小さいものではない。すで
に指摘したように，競争の相互作用をモデル化したというのはゲー
ム理論のもっとも大きな貢献であろう。例えば，80年代の任天堂
によるビデオゲーム業界の支配など，ゲーム理論は競争状況につい
て深く知ること，そして企業が展開する戦略の背後にあるロジック
を理解することに一役買っている。そうしたこともあって，ゲーム
理論のアイデアは，競争戦略論においては，特にビジネスシステム
研究で大いに活かされることになる。

Ⅲ　市場ポジショニング論に対する批判と 戦略ポジショニング論

　このように，市場ポジショニング論はスタティックなアプローチ
からダイナミックな枠組へと発展したわけだが，そこに対する批判
は依然として残った。その最たるものは「魅力度が高い業界・市場
に自社をポジショニングしたとしても，そこに所属する企業すべて
のパフォーマンスが高いわけではない」という指摘だ。これに対
してポジショニング論は次のように答える。どれほど恵まれた環境
（市場）にあろうとも，そこで追求される行動（戦略）が不適切な
ものだと競争優位にはつながらない。市場のポジショニングと戦略
のポジショニング，この両輪が適切な時に持続的競争優位が実現す
るのだ，と。

　ならば，適切な戦略ポジショニングとはいかなるものなのか。こ
れについては，「競争の基本戦略」（図5），「戦略グループ」，「移動
障壁」がキーワードになる。競争の基本戦略とは，競争の範囲が広
いのか，それとも狭いのか，そして競争優位の獲得方法が低コスト

図5 競争の基本戦略（戦略ポジショニング）

競争優位

		低コスト	差別化
競争の範囲	広いターゲット	1. コスト・リーダーシップ戦略	2. 差別化戦略
	狭いターゲット	3A. コスト集中戦略	3B. 差別化集中戦略

（出所）ポーター（1985），12頁。

と差別化のいずれなのかによって決まる。まず競争の基本戦略の第1のタイプは，競争の範囲を広くとり，低コストという顧客価値の創造によって競争優位にたとうとする戦略で，「コスト・リーダーシップ戦略」とよばれる。基本戦略の第2のタイプは「差別化戦略」である。これは，特異な性格をもつ商品の提供によって差別化という顧客価値を創り出そうとする戦略であり，コスト・リーダーシップ戦略と同じくターゲットの範囲は広い。そして第3の基本戦略は競争の範囲を限定する「集中戦略」で，顧客価値のタイプの違いにより，「コスト集中戦略」と「差別化集中戦略」とに分けることもできる。

　ポーターは，業界の中で同一ないし類似の戦略をとっている企業の集団を戦略グループとよび，そのグループ間にははっきりした業績格差がみられると主張した。かれが強調しているのは，戦略グループの中で高い成果をあげているのは，基本戦略の中からひとつだけを選んで，それを一貫して追求しているグループだけであり，しかもそうした業績の格差が持続することである。

　ポーターはその理由を戦略グループ間の移動を妨げる要因である移動障壁というコンセプトに求めた。基本戦略は相互に矛盾しているため，複数の基本戦略を同時に追求することは困難だからである。まずは標的顧客の広い戦略と狭い集中戦略についてみてみよう。ふつう標的顧客を絞り込む集中戦略をとるのは規模の小さな企業であり，これに対して大企業はターゲットを幅広く設定した戦略を採用する。それゆえ，集中戦略を展開している小企業が，標的顧客の広いコスト・リーダーシップ戦略や差別化戦略を真似するのはきわめて難しい。他方，大企業による集中戦略の模倣も簡単にはいかない。集中戦略というのは，限定した特定市場のニーズに応え得る商品の提供によって競争優位を獲得しようというものであり，そうしたニーズやその充足方法が他の市場と大きく異なっていることが多いため，大企業もそれに的確に対応するのが難しいからである。このように，標的顧客を広く定めた戦略と集中戦略とは相互に矛盾する関係にあり，それが移動障壁となって，両方の戦略の同時追求を難しくするのである。

　次に，競争優位の獲得方法の違う戦略，すなわち，低コスト戦略と差別化戦略について考えてみよう。これらの戦略を同時に追求しようとすれば，戦略面での矛盾（戦略的移動障壁）と組織面での矛盾（組織的移動障壁）に直面することになる。

　戦略的移動障壁とは，戦略の志向性が矛盾していることをいう。低コスト戦略はその名が示すとおり，ライバルよりもコストを引き下げ，それを価格に反映させることで競争優位を獲得しようとする戦略であり，そこではあくなきコスト削減が要求される。これに対して，差別化戦略は，コストをかけることで顧客の特別なニーズをより的確に満足させる特性をもつ製品・サービスを生み出し，それを通じて競争優位を獲得していく戦略といえる。2つの戦略のこう

した矛盾する戦略志向が移動障壁となり，低コストと差別化の同時
追求を難しくするというわけだ。

　またこの2つの戦略には，組織面での移動障壁も存在している。
ポーターいわく「低コスト戦略と差別化戦略には，それぞれ異なる
組織構造，管理システム，新製品開発体制が必要となる。また求め
られるリーダーシップ・スタイルも違うし，どの戦略をとるかに
よって組織の文化や雰囲気がまったく違ったものになってくる。さ
らに，それぞれの戦略に惹きつけられる人間のタイプも違う」（ポー
ター 1980, 40-41 頁）。

　具体的にいうと，低コスト戦略には，厳格なコスト管理，頻繁か
つ詳細な報告体制，権限責任関係の明確な組織構造，数値目標の達
成をベースにした報酬システムが求められる。これに対して，差別
化戦略を有効に実行するためには，研究開発部門とマーケティング
部門の調整を適切に行うことができる組織構造や，失敗を咎めない
評価システム，高度なスキルをもった人材や創造的な人材を惹きつ
ける組織カルチャーが必要となる。まさしく，それぞれの戦略をう
まく実行するための組織的要件が矛盾しているといわなければなら
ない。このことが移動障壁となり，低コストと差別化の両立を難し
くしているのだ。

表1　低コスト戦略と差別化戦略の組織的移動障壁

	低コスト戦略	差別化戦略
組織構造	明確な権限・責任関係	研究開発部門と営業部門との適切な調整
管理システム	厳格	緩やか
評価システム	ミスを許容しない	意味のあるミスは咎めない
リーダーシップ・スタイル	集権的スタイル	自律性重視のスタイル
組織文化（社風）	コスト志向	創造性志向

　（出所）ポーター（1980）をもとに筆者作成。

　低コストと差別化を同時に追求するような二兎を追う戦略だと，どちらも中途半端になり，成果が低くなる「スタック・イン・ザ・ミドル」に陥ってしまうとポーターは警告している。かくてポジショニング論では，市場のポジショニングとともに，競争の基本戦略のいずれかひとつを自社の競争戦略として選択し，一貫してそれを追求することが競争優位の獲得・持続につながるとして，戦略ポジショニングの一貫性も重視されることになる。

　ただ今や市場ポジショニングの重要性は低下してきているという声がポジショニング論の側からも聞こえる。昨今の環境変化が業界の魅力度を全般的に低下させる方向に作用しているからだ。実はポジショニングの代表的論者であるポーター自身もそのことを認めている。例えば，ICT（情報通信技術）の進展，特にインターネットの普及という環境変化を考えてみよう。ポーターは，インターネットの普及が業界の収益性を規定する要因に次のようなマイナスの影響を及ぼすとみている。すなわち，①製品情報やサプライヤーについての情報をこれまで以上に簡単に入手できるようになるため，買い手の交渉力が強まる，②顧客ニーズを充足し，さまざまな機能を実現する新しいアプローチが可能となり，新たな代替品が生み出される，③市場が地理的に拡大し，これまで以上に多くの企業がそれぞれの市場に相互に乗り入れるようになる，④コスト構造が固定費寄りにシフトするようになり，企業を価格競争に向かわせるような圧力が強まる，⑤インターネットがオープンなシステムであることから，独自の製品・サービスの提供がむずかしくなり，競合企業との競争がいっそう激しさを増す，といった具合である。それゆえ，インターネットの普及に代表される情報化という昨今の環境トレンドが業界の収益性を損なうように作用するとポーターはみるようになったのである。

　同時に，だからこそ競合企業との間に明確な差異を生み出せている
るかがこれまで以上に重要になってくることを強調する。ポーター
によれば，企業が持続的な差異をつくり出し，競争優位を持続させ
るにはオペレーション効率を高めるとともに，独自の戦略ポジショ
ニングを確立しなければならない。ところがインターネットはオペ
レーション効率を高めるためのもっとも強力なツールであるため，
それだけでは競争優位を持続させるのが困難になる。模倣が簡単に
なるからだ。よって，コスト優位を追求するか，それともユニーク
な製品・サービスの提供により顧客にプレミアム価格を要求するか
という戦略ポジショニングがいっそう重要になってくるというわけ
だ。ただし，低コストと差別化というポジショニングはトレードオ
フの関係にあることから，「何をやらないか」の選択が戦略のエッ
センスになるという考えがポーターの議論の根幹にある。よって，
情報化の進展という環境変化が業界の構造的な魅力度を低下させる
としても，競争の基本戦略の一貫追求という戦略ポジショニングが
持続的競争優位の源泉として依然として重要だと主張するのである
（ポーター 2001）。

　ところが，これについても批判がある。問題視されているのは，
企業間のパフォーマンスの違いが戦略グループ間だけでなく，グ
ループ内にもみられることである。ポーターは企業間のパフォーマ
ンスの違いを戦略グループ，そして移動障壁というコンセプトに
よって説明しようとした。だが，それでは戦略グループ内にも存在
するパフォーマンスの違いを説明できない。これについては，他社
がもっていない独自の資源や能力をもっているところがあるから
こそ，戦略グループ内でもパフォーマンスの違いが生まれるとみる
べきであろう。かくて，競争戦略論の関心はポジショニングから，
個々の企業のもつ独自の経営資源・能力というものに関心が移って

いくことになるのである。

　実際グラントがいうように，その後，競争戦略論は競争優位の源泉を業界や市場ではなく，企業の経営資源や能力に求める考え方に注目するようになっていった。資源・能力重視の競争戦略論の台頭である。そこに属する研究の中で主なものをつづいてみていくことにする。

第3章

資源・能力ベースの競争戦略論

I　資源ベース論

1　伊丹の情報的資源論

　1990年代以降，企業の競争優位の持続可能性についての研究は，企業の有する独自の資源や能力にフォーカスする方向に向かっていくが，そうした流れを生み出した先駆的研究に伊丹敬之（1980, 1984, 2003, 2012）の情報的資源論がある。中橋國藏（2005）は伊丹の貢献を，①情報的資源という統一概念を導入し，②どのような属性をもつ資源が持続的競争優位の源泉になるかを追求するとともに，③それらの属性をもつ資源として情報的資源を特定化した，という3つに整理している。われわれは，そこに第4の貢献を加えたい。それは，オーバーエクステンションという戦略を提示し，なぜそれが企業に持続的成長をもたらすかを明らかにしたことだ。

　伊丹の研究でまず押えておかねばならないのは，競争優位の源泉として，企業の経営資源に注目し，なかでも無形資源の重要性を強調したことだ。特筆されるのは，かれが無形資源を情報的資源として統一的にとらえているところにある。今でこそ経営資源といえば，ヒト，モノ，カネ，情報とふつうによばれるが，目に見えないタイプの資源を「情報（的資源）」と名付けたのは伊丹である。しかしかれの貢献は，ただ単に名前を変えたことではなく，無形資

図6　情報の流れのフレームワーク

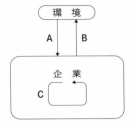

（出所）伊丹（2012），56 頁。

源の本質が情報にあり，またそうとらえることでこの種の資源のも
つ戦略的重要性を明らかにしたことだ。まず前者について，伊丹は
情報の流れのフレームワーク（図6）を提示し，企業の事業活動の
本質が情報のやりとりと処理にあると主張する。図中のAは，環
境から企業への，そしてBはその逆で企業から環境への情報の流
れを表している。また企業の内部でメンバーは相互に連絡をとり合
い，意思決定という情報処理活動を行っている（Cの情報の流れ）。
　　まずAは「環境についての」情報が「企業へ」流れ，「企業の中
に」蓄積される。伊丹はこれを「環境情報」とよび，その蓄積が環
境からの情報の流れの結果として生まれ，それが技術，顧客情報と
いった，いわゆる情報的資源になっていると捉える。
　　一方，Bの情報の流れは，Aとはちょうど逆で「企業についての」情報が「環境へ」流れ，その結果「環境の中に」蓄積されてい
くもので「企業情報」と名づけられている。その代表例に企業の信
用があると伊丹は言う。信用とは，環境（企業の外側にいる顧客や
金融機関など）が当該企業について「好ましい情報」をたくさん
もっていることがポイントであるとして，企業のとるさまざまな行
動の結果，Bのような情報の流れが起き，自社にとって都合のよい
情報が顧客や金融機関に蓄積されていくと，それが信用という情報

的資源になるとみる。ブランドもその本質は変わらない。

　また情報の流れが企業という組織体の中でも起きているという指摘も重要である。企業の中で組織メンバーは相互に連絡をとり合い，意思決定という情報処理活動を行っているからだ。このCの流れは，その起点も終点も企業の内部なのでそこにクルッと回る矢印を描いたのだと解説している。それは，組織における一連の行動とその背後にある適切な情報の流れと処置を可能にする特性であることから，組織風土，現場のモラール，経営管理能力などの例を挙げ，いずれも組織メンバーの情報処理（伝達と意思決定）の能力，努力，クセなどにかかわるものであるため，「内部情報処理特性」とよぶにふさわしいとしている。以上のように，無形資源はこれら3つの情報の流れのいずれかによってできあがっており，それゆえ情報的資源と捉えられる。無形資源の本質が情報であることを明らかにし，それを情報的資源と整理した。それが伊丹の第1の貢献といってよい。

　つづいて伊丹の第2，第3の貢献をみていこう。伊丹にしたがえば，経営資源は必要性のタイプと外部からの調達の容易さの程度によって分類可能である。必要性のタイプについていうと，「物理的に不可欠な資源」と「うまく活動するために必要な資源」に，そして調達の容易さでは，そのリソースの量を増減させるのに要する時間やコストがかかる「固定的な資源」とそうではなく入手が容易な「可変的な資源」とにそれぞれ分けられる。いうまでもなく，企業にとって重要なのは，「うまく活動するために必要」で，かつ「固定的」な資源であろう。「うまく活動するために必要」という資源属性は自社の競争優位の獲得に寄与し，カネを出しても買えず，つくるのにも時間がかかるという「固定性」という資源属性が競争優位の持続可能性をも高めるからだ。それを明らかにしたことが伊丹

の２つめの貢献といえる。

　またこうした属性を併せ持つのが情報的資源だと明確に指摘した点も重要であり，それは伊丹の３つめの貢献とみることができる。これについてかれは，「絵を描く」という活動を例にとって説明する。絵を描くために「物理的に不可欠」なのは，絵を描くヒト，絵具，絵筆，キャンパスといったモノ，そしてそれらを購入するためのカネという資源であり，これらがないと，そもそも絵が描けない。では絵を「うまく描くために必要」な資源とは何か。それが描き手のセンスや技術にほかならない。この例で，資源の固定性について伊丹は直接言及していないが，描き手のセンスや技術が入手困難で，また模倣困難であるということには多言を要しないであろう。この絵を描くという例のように，「物理的に不可欠」という色彩をもつものが多いヒト，モノ，カネという資源を組み合せて，情報的資源は「成果のあがる事業活動を持続的にもたらしてくれる源泉となるのだと伊丹は結論づけている。

　さらに情報的資源が事業活動の「結果として」生み出されてくる数少ない経営資源だという伊丹の指摘も注目に値する。情報的資源は事業活動のインプットとして必要であると同時にアウトプットとしても出てくるというインプットとアウトプットの二面性を備えた資源だというのだ。上で述べたように，情報的資源は持続的競争優位をもたらし得る重要な資源であった。しかもそれが事業活動を通じて蓄積可能だとすれば，自社の事業活動にかかわる経営戦略においてそれをいかに蓄積していくかがきわめて重要なイシューとならねばならない。この点も見逃すことなく，伊丹の議論にしっかりとカバーされている。それが情報的資源の蓄積を志向したオーバーエクステンション戦略の提示であり，このことも伊丹の重要な貢献ととらえなくてはならない。

　伊丹は企業のもつ資源に合わせて戦略をとるべきだという考え方に異議を唱える。それでは，企業の成長が望めないとみるのである。ただ誤解してならないのは，それがすべての経営資源を指しているわけではないということだ。特に，モノやカネという資源と情報的資源との違いをかれは強調する。モノは戦略の実行に絶対必要な資源であるし，カネが絶対的に不足しているような戦略は失敗する。だから戦略にはこれらの資源の裏づけを欠くことはできない。ただ情報的資源については，それを欠いた戦略であっても，実行は可能である。伊丹は，このような自社の情報的資源を部分的にオーバーする事業活動をあえて行う戦略こそが企業の成長には欠かせないとみており，それをオーバーエクステンション戦略とよんでいる。

　ではなぜこの情報的資源の裏づけを多少欠いた，いわば苦しい競争をあえて自らに強いるような戦略が企業の成長に有効なのだろうか。ここで先に述べたインプットとアウトプットの二面性という情報的資源の属性を思い起こしてほしい。オーバーエクステンション戦略を展開していくうちに，当初は欠けていた情報的資源が徐々に蓄積されていく。それが企業の成長をもたらすというわけだ。伊丹は好んで「無理はせよ。無茶はするな」というフレーズを使う。つまり，経営資源の裏づけを欠いた戦略の実行は無茶にほかならず，蓄積を意図した情報的資源と戦略との一時的不均衡が伊丹のいう無理のレベルであり，それが企業成長のつねであるととらえるのである。

　伊丹の情報的資源論のうち，持続的競争優位の源泉となる資源属性の研究は資源ベース論に，そして企業の持続的成長におけるオーバーエクステンション戦略の重要性というアイデアは能力ベース論にそれぞれ継承され，さらに深化していくことになる。

2　バーニーの資源ベース論

　資源・能力を重視した競争戦略論として最初に登場してきたのが資源ベース論であり，そこでの中心テーマは，「持続的競争優位の源泉となる資源の属性は何か」ということだ。よって資源ベース論を一言で特徴づけるとすれば，経営資源の属性研究ということになろう。その代表的研究者の一人がバーニーであるが，彼は持続的競争優位の源泉となる資源の属性を4つに整理した（バーニー 1991）。その属性とは，①有価値性（Value），②希少性（Rarity），③模倣困難性（In-Imitability），④代替困難性（Non-substitutability）であり，これらの属性によって持続的競争優位の源泉となる資源が識別できるとしている。ちなみに，バーニーが構築したこの枠組は，4つの属性を英語で表した時の頭文字をとって，VRINフレームワークとよばれる。VRINのうち①は競争優位の獲得に貢献する資源属性であり，そして②〜④は競争優位の持続に役立つ属性といえる。それぞれについて簡単に説明しておこう。

　競争優位をもたらす資源属性として，バーニーは有価値性と希少性の2つを挙げている。有価値性については，顧客価値をつくり出す力をもつという属性だと捉えるとよい。顧客価値は顧客が享受する便益を大きくすること，そして顧客が負担するコストを小さくす

表2　資源のVRIN分析

有価値性 Value	希少性 Rarity	模倣困難性 In-imitability	代替困難性 Non-substitutability	資源が競争に 対してもつ意味
No	—	—	—	比較劣位
Yes	No	—	—	競争均衡
Yes	Yes	No	—	一時的競争優位
Yes	Yes	Yes	No	競争均衡
Yes	Yes	Yes	Yes	持続的競争優位

（出所）バーニー（1992），29頁。

ること，あるいはその両方を実現することで生まれる。したがって，資源によって便益を大きくできたり，コストを小さくすることが可能であれば，当該資源は有価値性という属性をもっているということになる。

　ただ有価値性だけでは競争優位の源泉にはなりえない。自社が顧客価値創出力を備えた資源をもっていたとしても，多くの競合企業が同様の資源を保有していた場合，競争優位にはつながらないからだ。そこで求められるのが，希少性という属性である。有価値性・希少性という2つの属性を併せもつ資源こそが，競争優位の獲得に貢献するのである。

　ところが顧客価値創出力をもつ希少資源であっても，模倣によってその価値は低下してしまう。競合企業が模倣を通じて同じ資源を作り出したら，競争優位が持続しなくなってしまうからだ。よって真似するのが難しいという属性は持続的競争優位に不可欠なものといえる。ならば，模倣が難しいのはどういった資源であろうか。バーニーによれば，①競争優位がどのような資源からもたらされているか，という因果関係がよくわからないもの（因果曖昧性），②資源が当該企業のユニークな歴史的条件と結びついた企業特殊的な性格をもつもの（経路依存性），③組織内で協働する人びとの関係のなかに形成される複雑なもの（社会的複雑性）が模倣困難性をもつ資源である。

　また，たとえ模倣が難しくとも，別の資源によって同様の価値を創出できれば，やはり優位を維持することはできない。ゆえに持続的競争優位にとって，代替困難性という属性も欠かせないであろう。

　以上のVRINという4つの属性に基づき，どのような経営資源が持続的競争優位の源泉となるかについて，表2を使って説明して

おこう。資源の評価はまず有価値性という属性がチェックされる。上述したように有価値性というのは顧客価値をつくり出すという属性であった。そもそも自社の経営資源では顧客に価値を提供できないということであれば，当然ながら顧客の支持が得られず，「比較劣位」になってしまう。よって，この属性についてそれが Yes であれば，競争優位につながる可能性が高まることになる。

　次に第2の属性である希少性がどうかだ。たとえ，有価値性が認められたとしても，希少性が No である場合，多くの企業がこの資源を有していることになるため，差別化が実現できない。よってその場合の評価は，競合と違いがつくれない「競争均衡」ということになる。逆に有価値性とともに，この希少性が Yes であれば，当該資源は顧客価値を創出でき，しかも差別化が可能となることから，顧客の獲得につながる。よって，有価値性と希少性を併せ持つ経営資源が競争優位獲得の要件ということができる。

　第3の属性は模倣困難性だ。有価値性，希少性という競争優位の獲得を実現する属性をもつ経営資源であっても，模倣困難性のチェックが No だとすれば，競合企業はこの資源を入手できるか，あるいは自ら作り出せることになる。そうすると，自社の競争優位は，競合企業が同じ資源を入手・構築するまでに限定される。つまり，当該資源では束の間の優位にとどまらざるをえない。したがって，この場合は「一時的競争優位」と評価される。

　顧客価値を生み，また希少性も持ち合わせ，さらに真似することも難しい資源，それは競争優位の持続可能性を高める可能性を持つ資源といってよい。ただ最後にチェックすべき属性が残っている。当該資源を代替するものが存在しないかどうか，すなわち代替困難性という属性である。これまでの3つの属性チェックがすべて Yes であっても，代替困難性が No ならば，競合企業は代替資源で競争

を挑んでくることになる。その結果，当然ながら違いが消失してしまう。よって，このケースでも「競争均衡」と評価される。

　結論的に言えば，VRIN という4つの属性チェックがすべて Yes となるような資源，すなわち顧客価値を生み出し，希少であるばかりか，模倣も難しく，また代替できない資源こそが持続的競争優位の源泉となるのである。

　このように，いかなる属性を備えた資源であれば持続的競争優位に貢献しうるのかを明らかにしたという意味で，資源ベース論は一定の貢献をしたといえる。しかし，属性研究の限界はアプローチそれ自体がスタティックなものであるということだ。競争優位の持続可能性ということを考えると，経時的な資源蓄積という視点がどうしても必要になってこよう。これは，既存の資源をダイナミックに拡充できる企業こそが持続的競争優位を実現できるという考え方にほかならない。資源ベース論はそこが弱い。実際，バーニー自身も2007年の著書の中で，「①〜④の属性を備えた資源をもつ企業が持続的競争優位を実現できるという資源ベース論のコアになる主張はダイナミックなものではない」（バーニー＝クラーク 2007）として，そのアプローチがスタティックなものであることを認めている。

　さらに，資源ベース論では，①〜④の属性を併せ持つ資源として，組織文化，組織内でのマネジャー同士の信頼関係，チームワーク，顧客の信用といった組織的資源を挙げており，それは伊丹の情報的資源論と基本的に同じ結論となっている。しかし後述するように，資源のみでは競争優位にはつながらないといえる。それは競争優位を生むための要素でしかなく，重要なのはこれらの資源を活用する力を意味する能力ではないだろうか。この企業としての全体的な能力が持続的競争優位をもたらすとみるべきだろう。ダイナミッ

クな分析視角にたちながら，この方向で企業の持続的競争優位の源泉は何かという問題に取り組んだのが能力ベースの競争戦略論であった。

Ⅱ　能力ベース論

　上述したように，企業の持続的競争優位の源泉として，個々の経営資源ではなく，企業総体としての能力に注目するのが能力ベース論であり，そこでは，能力こそがバーニーの指摘した４つの属性を併せ持つものだととらえている。では，資源と能力はどう違うのだろうか。はじめに，資源と能力とを峻別するとともに，両者の関係にも言及し，能力ベース論に立って戦略策定モデルを構築したグラント（1991）の研究をみよう。

1　グラントの能力ベース論

　グラントは，資源ベース論が競争優位の獲得と持続を志向する経営戦略の基盤として企業内部の経営資源の役割に注目する点は評価しつつも，その多くには，統合的・実践的枠組みが欠落しているという問題意識から出発し，それらの問題克服を目指した戦略策定モデルを構築している（図7）。簡単に言うと，このモデルは，企業の戦略策定を，自社の保有する資源と組織能力の識別，自社の組織能力の評価，組織能力の持続的競争優位の可能性についての評価，

図7　グラントの能力ベース戦略策定モデル

資源の蓄積・組織能力のグレードアップ

（出所）グラント（1991），115頁の図をもとに作成。

戦略の選択，資源と能力の拡大・グレードアップ，という5段階からなるプロセスとしてとらえようというものである。

　グラントのモデルで何よりも注目すべきは，ややもすれば混同されがちなコンセプトである資源と能力を明確に区別していることである。グラントによれば，今日ヒト，モノ，カネ，情報と総称されることの多い「資源（resource）」とは，「生産過程へのインプット」を意味している。ただ，資源はそれだけでは生産的でないことに注目しなくてはならない。生産活動には，これらの資源の協働と調整が必要となる。これを行い，何らかのタスクないし活動を遂行していく力を「能力（capability）」ととらえ，両者を明確に峻別している。換言すれば，「さまざまな資源を協働させ，それらを結合した結果，生まれてくる物事を成し遂げることのできる力」が能力にほかならない。要するに，資源が企業の能力の源泉であるのに対して，能力は企業の競争優位の主たる源泉になるとみるのである。このように資源と能力の違いと両者の関係を明確にしたことがグラントの最大の貢献と言ってよい。

　またグラントのモデルで第2に注目されるのが，企業の保有する資源や能力が経営戦略の基本的方向を規定するというとらえ方であろう。周知のとおり，経営戦略策定の出発点となるのは，「われわれの事業は何か」の問いかけに答えるドメインの定義である（石井ほか 1996）が，これまでそれが市場軸を中心に行われていたことにグラントは疑問を投げかける。つまり，「われわれの顧客は誰か」，「われわれが充足しようとしているのは，顧客のどんなニーズか」といった外部志向の定義は，現在のように顧客ニーズが変化しやすく，またニーズを充足する技術も絶えず進化しているような状況では，戦略策定の基盤とはなりえないとみるのである。

　かつて，レビット（1960）は，企業のドメインについて，近視眼

的な狭い定義を行うのではなく，広がりをもたせて定義すべきだと
主張した。しかし，企業が顧客のニーズを充足する資源や能力を保
有していなければ，このように標的市場を拡大することは無意味
であるといわねばならない。レビットにしたがえば，アメリカの鉄
道会社が衰退してしまったのは，自社のドメインを鉄道という物理
的な定義にしてしまったからであり，それを避けるには，輸送とい
うように機能的に規定すべきであった。しかし，そこで生じる疑問
は，鉄道会社はそもそもトラック事業や航空事業などの輸送事業を
展開する資源や能力を保有しているのか，ということだ。鉄道会社
の資源や能力は不動産開発や建築事業により適合しているかもしれ
ない。とすれば，グラントが主張するように，事業が充足しようと
するニーズよりも，企業の保有する独自の資源や能力に基礎をおい
た「われわれは何ができるか」によるドメインの定義が有効という
ことになる。彼は，社内に保有している接着・塗装技術を新製品開
発に応用するという独自能力をベースにした絶えざるイノベーショ
ンによって持続的成長を実現している 3M 社を例にとり，社内の資
源・能力をベースにして戦略を策定・実行している企業のほうが，
環境変化への適応に秀でているとしている。

⑴　資源と組織能力の識別

　これらの資源や能力に基づくドメインの定義の必要性，それに資
源と能力の違いを念頭におきつつ，グラントのモデルを図 7 にした
がい，個々のステップごとに眺めることにしよう。
　経営戦略の基盤になるのが資源と能力であるとすれば，それらの
識別・評価が戦略分析の出発点となろう。企業が自社の保有する経
営資源を識別するには，まずそれを分析してみることから始めなけ
ればならない。グラントは，経営資源を構成する有形資源と無形資

源のうち，特にヒトという人的資源が担い手となる無形資源，つまり伊丹（1984）のいう「見えざる資産（invisible assets）」，すなわち情報的資源のもつ戦略的重要性を強調している。すでに述べたように，これらの資源は，カネを出しても買えないことが多く，またつくるのに時間がかかり，しかもいったんできあがるとさまざまな形で多重利用が可能になりやすいために，競争相手との差別化の源泉になりうるからである。このことに留意しながら，競争相手との相対的な強みと弱みを識別すべきであろう。さらに，資源の評価にあたっては，資源の有効利用によってどのような機会が生まれてくるかも検討する必要がある。グラントは，有形資源については効率的活用が，また無形資源については効果的活用がそれぞれ重要な評価基準になるとしている。

　自社の能力の識別・評価がそれに続くことになる。グラントは，R&D，生産，販売といった職能ごとに企業の能力を識別・評価できるとしているが，これらの職能ごとの能力の結合から生まれてくるものが企業にとって最も重要な戦略的能力であるとしている点は傾聴に値しよう。例えば，ファストフードの最大手であるマクドナルドが，製品開発や市場調査，人的資源管理，財務管理，生産管理に関して卓越した職能上の能力をもっていることは疑う余地がない。しかし，マクドナルドの成功にとって決定的に重要なのは，そうした個々の職能上の能力ではなく，世界中に広がる店舗で製品・サービスの一貫性をつくり出しているこれらの職能上のスキルを結合した組織的な能力だという。それこそが能力ベース論が持続的競争優位の源泉ととらえる組織能力にほかならない。組織能力は，組織文化やリーダーシップのようにヒト同士やヒトとその他の資源との複雑な協働と調整を行う能力であり，時間の経過とともに価値が低下していく物的資源と異なり，活用・共有されるにしたがって強

化されるという特徴をもつ。かくて，競争優位の獲得・持続にとっ
て，組織能力が決定的に重要となるとみるのである。

(2)　組織能力の持続的競争優位の可能性についての評価

　グラントもバーニー同様，組織能力についてもその属性に注目し
なくてはならないと説く。かれが取り上げた属性は次の4つだ。
　第1は「耐久力（durability）」である。これについて，まずは組
織能力の源泉となる資源についてみよう。言うまでもなく，資源の
タイプによって耐久力はかなり違ってくるようである。例えば，ブ
ランドや企業自体の評判（reputation）は耐久力があると考えられ
る。強力なロイヤリティを得ているブランドの多く（バンド・エ
イドやアメリカを象徴する世界的ブランドであるコカ・コーラ）
は100年前後にわたって，市場リーダーの座を維持しているし，ま
たゼロックスの質の高い知を創り出す会社としての評判や顧客と親
密な関係を築いている会社として知られる GE 社にたいする評判も
長きにわたっている。環境変化は多くの資源の耐久力を短縮させる
が，ブランド・エクイティ（ブランドがもつ資産価値）や企業自体
の評判についてはそれを強化する方向に作用するのかもしれない。
これらの耐久力のある資源を組み合わせることで生まれる組織能力
の耐久力は当然ながら，資源よりも大きいと思われる。実際，資源
が使い尽くされたり，移転（ヒトの異動）したとしても，組織能力
をしっかりと維持している企業は少なくない。例えば，ロールス・
ロイス社の高級車を製造する能力は数世代の社員に受け継がれてい
るが，これはヒトが代わっても新しく入ってくる社員に同社の価値
観を伝播し，その共有化を図っている同社の能力のマネジメントに
依るところが大きい。その意味で，組織文化は組織能力を構成する
資源の中でも特に重要なもののひとつであるといえそうだ。

　競争優位にたっている企業がそれを維持していくには，その戦略が競争相手に模倣されないこと，具体的にいうと，成功した戦略の基盤になる組織能力が何なのかが競争相手に識別できないことがひとつの条件となる。これが競争優位の持続可能性を決定する第2の属性を成す「透明度（transparency）」である。つまり，透明度が低ければ競争優位は維持可能だろうし，逆の場合は維持が困難となろう。組織能力の透明度が低いということについては多言を要しないであろう。多くの資源の複雑な協働と調整を必要とする組織能力は競争相手からすれば，識別が困難なためだ。

　「移転可能性（transferability）」が第3の属性をなす。言うまでもなく，自社に競争優位をもたらしてくれた組織能力を競争相手が簡単に獲得できるなら，優位は維持しない。したがって，競争優位を維持するには，組織能力の移転可能性が小さいということが前提となる。組織能力は移転不能といってよい。移転可能性は小さい。その最大の理由は，組織能力を構成するもうひとつの要因である組織ルーティンが影響している。組織ルーティンとは，組織メンバーの定型化された仕事のやり方，行動パターンを意味している（ネルソン＝ウインター 1982）が，後述するように，資源は組織ルーティンを通じて組織能力に転換される。よって，仮に資源が移転できたとしても，組織ルーティンも同時に移転しなければその資源が組織能力に転換されることはない。組織のルーティンが組織文化などを通じて構築されることを考えると，組織能力の移転困難性は明らかであろう。

　最後の属性は，「複製可能性（replicability）」だ。もちろん，組織能力はこの属性も備えている，複製が難しいといえるのもやはり組織ルーティンが関係している。この代表例として，グラントは日本発のオリジナルな生産管理システムとしてあまりに有名なトヨタ

の「ジャスト・イン・タイム」生産方式を挙げている。これについ
ては，精緻な知識や複雑なオペレーティング・システムを必要とし
ないにもかかわらず，欧米企業はそれらの効果的運用に求められる
協働やチームワークの重視といったスタンスを実現できていない。
システムを導入するのはたやすいが，それをうまく機能させるため
の組織ルーティンの構築（意識改革など）はそれほど単純な問題で
はない。それゆえ，組織能力の複製は困難を極める。

(3)　戦略のデザイン

　グラントによれば，耐久力の高さ，不完全な透明度と移転可能性
の難しさ，そして複製の難しさが，競争優位の持続可能性を高める
ことから，これらの属性を併せ持つ組織能力こそが，企業のコア能
力なのであり，企業はこれを最も有効に活用できるような戦略をデ
ザインしなければならない。その好例として，かれはオートバイ・
メーカーのハーレー・ダビッドソンによる能力ベースの戦略デザイ
ンを取り上げている。同社は第二次世界大戦後には唯一のアメリカ
ン・メーカーとしてオートバイ市場に君臨していたが，その後ホン
ダ，ヤマハといった日本メーカーにシェアを大きく奪われ，業績低
迷に陥った。しかし，自社のコア能力に基礎をおく戦略展開によっ
て，見事に復活を果たしている。改革の出発点となったのは，ハー
レーの耐久力があり，移転も複製もされない唯一の資源が同社のブ
ランド，すなわちイメージとそれに付随したロイヤリティであると
みる経営トップの認識であった。実際，ブランド以外のコスト，品
質といった面では日本の競争相手に大きく遅れをとっていたため，
経営トップは自社の劣っているところを極力小さくしながら，企業
イメージというアドバンテージに基礎をおいた戦略を追求すること
でしか，ハーレーが存続するチャンスは生まれてこないと考えたの

である。この間導入されたハーレーのニューモデルはすべて伝統的なデザインに基づいており，また「個性とタフネス」という同社のイメージの訴求を図り，それによって顧客層を拡げることがマーケティング戦略の中心となった。生産効率や品質の改善がハーレーの復活のひとつの要因であることは間違いないが，それ以上に重要な成功要因は，何といってもハーレーのブランドに基礎をおいた市場訴求能力という組織能力の向上・拡大にあったといえよう。このハーレーの事例は企業がコアとなる資源を保有している場合，それに基礎をおいた組織能力ベースの戦略の追求が成功につながることを，われわれに教えてくれている。

⑷　資源ギャップの確認と資源ベースの開発

　これまでの戦略分析では，企業の資源ベースは予め決まっており，その枠内でレントを最大にするよう資源展開を行うことが重要と考えられてきた。しかし，能力ベース論では，既存の経営資源の展開だけではなく，資源ベースの開発も重視されることは大いに注目される。今日のように，顧客ニーズが進化し，競争も激しさを増しているような状況では，これは当然かもしれない。そうしたいわば競争優位の「グレードアップ」はポーター（1990）でも，中心的テーマとなっている。ポーターによれば，国や企業が国際的な競争優位を確率・維持できるかは，継続的にイノベーションを行えるか，または競争優位の基礎を「基本的な」生産要素から持続的優位をもたらしてくれる「高度な」生産要素へとシフトさせることができるかにかかっている。つまり，グレードの高いコア能力を構築できるか否かによって，競争優位の持続可能性が決まるとポーターは言うのである。

　そこでカギとなるのが，伊丹（1984）の提唱するオーバーエクス

テンション戦略である。すでに伊丹の情報的資源論の中で紹介した
ように，企業の戦略は自社の保有する資源につねにピッタリ合った
ものであってはならず，自社の情報的資源を少々オーバーするよう
な，つまり苦しい競争をあえて自分に強いるような戦略，すなわ
ちオーバーエクステンション戦略の追求が長期的には最適であるこ
とが多いとされる。オーバーエクステンションは短期的には企業に
不均衡を生み出す，いわば企業に無理を強いる戦略といえるが，そ
うした無理をする最大の効用は，それが企業に学習の場をつくり，
新たなコア資源の蓄積につながっていくところに求められる。これ
は，現在の戦略から生み出される資源を将来の戦略がつかうという
効果，すなわち「ダイナミック・シナジー」を追求した戦略展開と
いってよい。このような無理は，たとえ事業そのものは失敗に終
わっても，コア資源（例えば，発展性に富む技術的経営資源）を蓄
積できれば，企業の中に今後につながる貴重な財産を残すことにな
る。かくてグラントは，企業が自社に資源ベースを拡大していくに
は，現在の戦略実施に必要な資源をブラッシュアップするだけでな
く，今後のチャレンジに対応するために必要な資源蓄積をも可能に
するオーバーエクステンション戦略が不可欠であるととらえるので
ある。

　以上が，グラントの構築した能力ベースの戦略策定モデルの内容
である。グラントは，生産過程へのインプットとなる資源だけでは
顧客価値を創出できないと考え，さまざまな資源を協働させ，それ
らを統合した結果生まれてくる，何らかの生産活動を遂行する力を
能力ととらえたうえで，資源は能力の源泉になり，能力が競争優位
の源泉になるという，資源－能力－競争優位の関係を明確にした。
これはグラントの大きな貢献と言わなければならない。

2 プラハラド＝ハメルのコア・コンピタンス論

能力ベース論に位置づけられる第2の研究として，プラハラド＝ハメル（1990）が提唱したコア・コンピタンス論を挙げることができる。それは企業の持続的な競争優位の源泉として，当該企業の保有するコア・コンピタンスに注目しようというものであるが，では，コア・コンピタンスとはいったいどのようなコンセプトなのであろうか。プラハラド＝ハメルは，組織能力ではなく，「コア・コンピタンス」という表現を用いているが，かれらのコア・コンピタンスについての定義をみれば，それが組織能力を意味しているのは明らかである。プラハラド＝ハメルによれば，コア・コンピタンスとは，組織内における集団的学習能力，特に多様な生産スキルを調整し，複雑多岐にわたる技術の流れを統合する方法についての集団的学習能力のことをいう。それは組織の境界を越えて活動するためのコミュニケーション，協働，深い思い入れであり，多くのレベルの人びととあらゆる職能を巻き込むもので，時間の経過とともに価値が低下していく物的資産とは異なり，応用・共有されるごとに強化されていくものなのである。

企業の競争力の基盤となるコア・コンピタンスを構築し，さらにそれを展開・保護できなければ，企業は熾烈な競争を勝ち抜くことはできないというのがプラハラド＝ハメルの基本的主張であるといってよい。「プラハラド＝ハメルは企業の業績と戦略にとって決定的に重要な能力と周辺的な能力とを区別するため，コア・コンピタンスというコンセプトを構築した。コア・コンピタンスというコンセプトの価値は，それが競争優位の問題に注意を集中しているところにある」というグラント（2002）の見解に代表されるように，このコア・コンピタンス論は競争戦略論の研究者間でも高く評価されているようである。実際，著名な戦略研究者の一人であるルメル

ト（1994）も，「コンピタンスが成功戦略の重要な要素のひとつで
あるという考え方は新しくはないが，コンピタンスの果たす役割に
ついてのこれまでの議論は，プラハラド＝ハメルの提起したものに
比べ，完全なものではなかったし，ダイナミックでもなかった。プ
ラハラド＝ハメルの理論は他の研究よりも深みがあり，かつ大胆
である。それは企業間の競争をコンピタンスの獲得・開発をめぐっ
て行われるものととらえているからである」として，コア・コンピ
タンス論の分析視角の重要性を強調している。この分析視角につい
て，以下で整理してみたい。

(1)　コア・コンピタンスのコンセプト

　プラハラド＝ハメルがコア・コンピタンスというコンセプトを
1990 年の論文で発表して以降，ハメル（1994），ハメル＝プラハラ
ド（1994）という一連の研究によって「コア・コンピタンスとは何
か」という問題が整理され，その答えが明らかにされるようになっ
てきた。これらの研究結果によると，コア・コンピタンスのコンセ
プトは次の 5 つの要素をもっているという。

　まず第 1 は，スキルや技術の統合ということである。つまり，
「コア・コンピタンスとは単独のスキルや技術ではなく，それらを
束ねたもの」にほかならない。例えば，プラハラド＝ハメルによれ
ば，「小型化（miniaturization）」能力がソニーのコア・コンピタン
スであるが，それはマイクロプロセッサ設計，材料科学，超薄型精
密ケーシングといった多様な技術とスキルを結合したものなのであ
る。

　第 2 に，「資産（assets）」ではないこと。あるいは，資産以上の
ものがコア・コンピタンスであるといいかえてもよい。例えば工場
や流通チャネル，ブランドは資産であって，コア・コンピタンスで

はないが，その工場を運営する能力やチャネルを管理する能力，
ブランドを管理する能力はコア・コンピタンスといえる。それに対
応させて具体的にいえば，トヨタのリーン生産方式，ウォルマート
のロジスティクス能力，コカ・コーラの広告宣伝能力，などがコ
ア・コンピタンスに相当するという。ここでの重要なポイントは，
企業組織においてさまざまな学習が蓄積されたものがコア・コン
ピタンスだということ，そしてそれは「言葉では表現しきれない主
観的・身体的な知識である暗黙知（tacit knowledge）と文章や言
葉で表現できる客観的・理性的な知識を意味する形式知（explicit
knowledge）の両方から成る」ということである。

　第3は，コア・コンピタンスが顧客の認知する価値に大きく寄与
するものでなければならないことである。すなわちコア・コンピタ
ンスとは，「企業が顧客に基本的な便益を提供することを可能にし
てくれるスキルの集合」を意味しているのである。上述したよう
に，「小型化」能力はソニーのコア・コンピタンスであるが，それ
は「携帯性」（ポケッタビリティ）という便益を顧客に提供してい
るし，またホンダの「エンジンのノウハウ」というコア・コンピ
タンスは「燃費の良さ」，「エンジンの起動の良さ」，「低騒音，低振
動」という便益を顧客に提供している。ただし，コア・コンピタン
スが顧客に見えなかったり，すぐには理解できない場合もあること
に注意しなくてはならない。ホンダ車の運転が他社の車よりもなぜ
快適なのかということを言葉で表せる顧客はほとんどいないし，コ
ンピュータ・ユーザーのほとんどはマッキントッシュのコンピタン
スについて説明することはできないが，同社のコンピュータがとて
も使いやすいことは知っている。顧客に見えるのは，便益の基礎と
なっている技術の差異ではなく，便益そのものなのである。

　第4に，競争相手との差別化につながるものでなければならない

ことである。つまり，コア・コンピタンスは競争上，ユニークなものでなければならず，「コンピタンスのレベルが他社とほとんど変わらず，業界のどこにでもあるようなものであれば，それはコア・コンピタンスではない」(ハメル 1994)。これは，希少で，競争相手に簡単に模範されないようなものがコア・コンピタンスにほかならないということだ。競争相手によってはコア・コンピタンスを構成する技術のいくつかを取得するかもしれない。しかし，それではコア・コンピタンスとはよべない。それは上で指摘したように，スキルや技術が複雑に結合したもので，かつ組織の境界を越えた多くのレベルの人の協働をも必要とするものだからだ。だから競争相手からすれば，そうした内部の調整と学習の包括的パターンを複製するのは困難を極めることになる。その意味で，競争相手との差別化を可能にしてくれるものがコア・コンピタンスといえる。

　第5に，新規参入の基盤を提供してくれることである。事業レベルの見地からすれば，上の第3と第4の基準，すなわち顧客価値と競争上のユニークさを充足しているコンピタンスはコアといえるかもしれない。しかし，全社レベルからすると，コア・コンピタンスは新市場への参入の可能性を与えるものでなければならない。要するに，あるコンピタンスから多様な新製品や新サービスをイメージできなければ，それはコア・コンピタンスとはいえないのである。日米を代表するエレクセレント・カンパニーであるホンダや3Mはそれぞれ，エンジン，接着・研磨というコンピタンスによって，多様な市場へ参入することができた。ゆえに，ホンダのエンジンおよび3Mの接着・研磨に関する能力はいずれもコア・コンピタンスとみなすことができる。

　このように，多様なスキルや技術を結合したもので，単なる資産ではなく，顧客への便益提供と競争相手との差別化を可能にし，さ

らに新規参入の基盤となるもの，それこそがコア・コンピタンスという組織能力にほかならない。

(2)　コア・コンピタンス論の分析視角

　周知のとおり，70年代から80年代にかけて戦略論の分析ではPPMに代表されるような戦略事業単位（Strategic Business Unit：SBU）を中心とした「SBU管理」という考え方が隆盛をきわめた。しかしそれは「分析麻痺」と揶揄されるような事態を生み出し，組織の硬直化という企業経営にとって深刻な問題をもたらすことになった。そうした問題意識にたって生まれたのがコア・コンピタンス論といえる。ここではこのコア・コンピタンス論の分析視角の特質を明らかにするが，検討を進めるにあたって，それが従来のSBUを中心とした分析視角を全面的に否定するものではないことに注意しなくてはならない。ヒーネ（1994）が指摘しているように，「プラハラド＝ハメルは従来の戦略論で支配的であった分析視

表3　SBU管理とコア・コンピタンス論の分析視角

		SBU管理の分析視角	コア・コンピタンス論の分析視角
(1)	競争の基本	製品の競争力をめぐる競争	コンピタンスの主導権をめぐる競争
(2)	企業構造	事業のポートフォリオ	コア・コンピタンス，コア・プロダクト，事業で構成されるポートフォリオ
(3)	SBUの地位	自律性が不可侵： 　各SBUはカネ以外の 　すべての資源を所有	各SBUはコア・コンピタンスの潜在的保有源のひとつ
(4)	資源配分	個々の事業が分析単位： 　資金は事業ごとに配分	事業とコンピタンスが分析単位： 　経営トップが資金と人材を配分
(5)	経営トップ 　の役割	事業間の資源配分の調整を 通じた企業利益の最適化	戦略設計図の作成と将来のための コンピタンスの構築

　（出所）プラハラド＝ハメル（1990），86頁。

角の全面的な見直しではなく，その補完を目指している」のである。競争についての基本的な考え方，企業構造，SBU の地位，資源配分，経営トップの役割という項目ごとに，SBU の分析視角とコア・コンピタンス論の分析視角を比較したものが表3に整理されている。以下では，それにしたがって個々にみていこう。

　①　競争についての基本的考え方

　競争戦略の分析単位は，これまでそのほとんどが特定の製品やサービスであり，同様に企業間の競争ももっぱらそうした製品やサービスに基づいて捉えられてきた。しかし，企業はもっと根本的かつ深みのあるやり方でも競争しているというのがコア・コンピタンス論の基本的考え方である。フォードとホンダが自動車での競争にとどまることなく，伝動装置，電子機能，スタイル面でも主導権争いを続けているという事実に基づいて，コア・コンピタンス論では企業間競争をコンピタンスの主導権争いととらえるのである。なぜ，企業間競争を製品間ないし事業間の競争ではなく，コンピタンスの主導権をめぐる競争ととらえるのが適切なのだろうか。コア・コンピタンス論は次のように主張する。

　まず第1に，コア・コンピタンスは複数の製品やサービスの競争力に寄与し，またいかなる製品やサービスよりも息が長いため，コンピタンスの主導権をめぐる競争の勝敗は，単一の製品の成否よりも企業の成長可能性と差別化の実現にはるかに大きな影響をおよぼすからである。

　第2に，コア・コンピタンスの主導権を獲得するのに必要とされる時間の長さや投資額の大きさ，リスク負担は単一の事業部の資源や許容範囲を上回ることが多いため，コンピタンスの主導権の構築にあたっては個々の事業部に任せることなく，全社的に取り組まなければならないことによる。

　最後に，コア・コンピタンスは自社のこれからの製品開発にとっ
てその源泉ともいうべきものであり，それを構築・育成することが
企業の長期的な存続を保証することになるからだ。これは，企業を
木にたとえた場合，「実」である製品に栄養を与える競争力の「根」
の部分に相当するのがコア・コンピタンスであるということを意味
している（この考え方については，②の企業構造で詳しく述べる）。
要するに，コア・コンピタンス論では，コンピタンスは製品やサー
ビスよりも耐久力があり，その構築を事業部に一任するには無理が
ある，またそれが企業の競争力の根源になる，という理由により，
企業間競争はコンピタンスの主導権をめぐって行われるとみるので
ある。

　②　企業構造

　よく知られているように，1970年代の企業戦略（全社レベルの
戦略）の課題はもっぱら事業ポートフォリオのマネジメントであっ
た。しかし，コア・コンピタンス論では，企業を事業のみのポート
フォリオだけではなく，コア・コンピタンスとコア・プロダクト
（最終製品に組み込まれるコア部品）をも加えたポートフォリオと
してとらえた方がよいとみる。

　図8にコア・コンピタンス論における企業構造のとらえ方が示さ
れているが，それによれば，多角化企業は大きな木にたとえられ
る。幹と大きな枝はコア・プロダクトであり，小枝は事業単位，そ
して葉，花，実が最終製品に相当する。木の成長や生命維持に養分
を補給し，安定をもたらす根がコア・コンピタンスにほかならな
い。花や実しか見ていないと，その木の強さを見逃すのと同様に，
最終製品のみに注目すると競争相手の強みを見逃してしまうこと
になる。つまり，花や実以上に，根や幹が企業の競争力に影響をあ
たえるため，企業構造をコア・コンピタンス，コア・プロダクト，

図8　コア・コンピタンス論における企業の構造

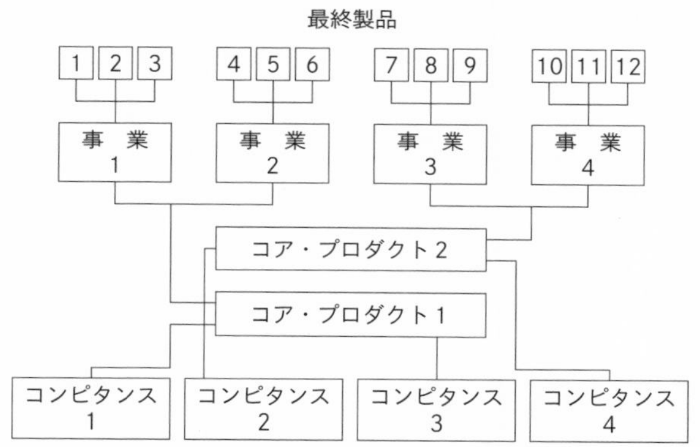

企業は木のように，根から成長していく。コア・プロダクトはコンピタンスに育てられ，事業単位を生み，そこで実となるのが最終製品である。

（出所）プラハラド＝ハメル（1990），81頁。

最終製品を生む事業という三層構造でとらえるべきだというのである。

　企業が自社をこのような三層構造でとらえずに，最終製品という考え方から脱却できないとしたら，当該企業は潜在的な事業機会の幅をいたずらに制限することになってしまうとコア・コンピタンス論は警告する。例を挙げよう。キヤノンが自社をカメラとコピー機（最終製品）のメーカーと考えたなら，現在のようにレーザー・プリンタやファクシミリ，半導体生産設備の市場に参入することはなかっただろうし，ホンダもオートバイ・メーカーの域を出ることはできなかったであろう。このようにコア・コンピタンス論の視角にたつことによって，企業は潜在的事業機会の幅を大きく広げることができるのである。

　またコア・コンピタンス論において，コア・プロダクトという概

念を提起し，それを最終製品と明確に区別している点は重要である。これまで「市場シェア」という場合，それを暗黙のうちに「最終製品のシェア」を指すものとみなす傾向があった。しかし何をもって製品と考えるかは，それ自体経営戦略の対象となる問題である。つまり，「最終製品は市場で激しい競争にさらされる場合が多いのに対して，コア・プロダクト，すなわち最終製品に組み込まれるコア・プロダクトそれ自体を製品として積極的に販売した方が合理的だということになり，結局のところ，最終製品とコア・プロダクトのどちらにどれだけウエイトをおくかということが戦略的選択の対象になるのである」（榊原 1996）。

　日本企業は自社のコア・コンピタンス構築努力をサポートするために，コア・プロダクトのシェアの獲得に努力を集中してきたといわれている。例えば，「キヤノンはレーザープリンタの心臓に当たるエンジン部（コア・プロダクト）をレーザープリンタ（最終製品）メーカーに販売しており，同社はこのコア・プロダクトに関して世界一のシェアを誇っているが，最終製品のシェアはそれよりもはるかに小さくなっているという」（ハメル 1994）。

　かくて，コア・コンピタンス論では，以上のような企業構造のとらえ方に基づいて，コンピタンスをめぐる競争は，(1) コア・コンピタンスの構成要素であるスキルや技術の開発と入手をめぐる競争，(2) 多様なスキルや技術の結合・調和によるコア・コンピタンスの構築をめぐる競争，(3) コア・プロダクトのシェアをめぐる競争，(4) 最終製品のシェアをめぐる競争，という4つのレベルで生まれるとみなすのである。それによると，現実の企業間競争は，実質的には第1レベルから第3レベルで競われているという。われわれはどうしても目につきやすい第4レベルの競争のみに注意を集中しがちであるが，そうした考え方を改める必要があろう。

③　SBU の地位と資源配分

　コア・コンピタンス論の分析視角によれば，SBU はその成長に
伴いユニークな能力をもった人材を保有するようになるため，個々
の SBU はコア・コンピタンスの潜在的保有源のひとつと位置づけ
られる。にもかかわらず，これまで支配的であった SBU 管理の分
析視角では，SBU の自律性がなによりも重視されるため，各 SBU
はカネ以外のすべての資源を専有するととらえられる。要するに，
コンピタンス資源（ユニークな能力を身につけた人材）は各 SBU
に固有の財産とみなされるのである。こうなると，各 SBU はコン
ピタンス資源をその事業の専有物として囲い込み，他の SBU への
人材の異動を拒否するようになってしまう。

　コア・コンピタンス論では，企業のコア・コンピタンスのクオリ
ティはストック（特定のスキルを保有している人の数）と速度（新
しい事業機会を追求するためにコンピタンスの保有者を異動させる
速さと容易さ）の積で決まるととらえられる。この観点からする
と，コンピタンスのかなりの資源ストックをもっているが，速度は
ほとんどゼロに等しい企業が少なくないという。

　このように有能な人材がひとつの SBU に拘束されると，企業は
2 つの点で痛手を被ることになる（ハメル 1994）。第 1 に，そうし
た人材を新しい事業機会で活用する道が閉ざされることになるた
め，企業としての大きな成長が望めなくなってしまうこと，そして
第 2 に，コンピタンスを身につけた人材がひとつの SBU に拘束さ
れることによって，かれらのスキルが浸食され，衰えていくことで
ある。

　ゆえに，コア・コンピタンス論では，事業とコンピタンスを分析
単位として，資金という資源の配分以上に，人的資源の配分が重視
される。そうした人的資源の配分を効果的に実施するために要請さ

れるのがプロジェクトチーム・アプローチである。優良企業はカネ
ではなく，人材こそが新規事業開発における最も希少価値をもつ資
源とみなし，部門の境界を越えてベストなコンピタンス資源が最も
有望な事業機会に割り当てられるような配分の仕組みをもっている
といわれている。シャープのかつての「緊急プロジェクトチーム」
はその代表例であろう。有望な機会が発見された場合に，このプロ
ジェクトチームは結成され，プロジェクト・リーダーには社内の最
良の人材を引き抜く権限があたえられる。こうした企業では，自社
をコンピタンス資源の宝庫と位置づけ，ベストな人材が最も大き
な可能性をもつ事業機会に取り組むという，基本的なことであるに
もかかわらず，多くの企業がなかなか実行できないでいることをス
ムーズに行えるような仕組みをつくり出しているのである。

　④　経営トップの役割

　コア・コンピタンスの獲得と展開をねらった全社的な戦略を策定
すべきであるという経営トップの役割をコア・コンピタンス論は強
調する。具体的には，コンピタンス構築という目的を定めた全社レ
ベルの「戦略設計図（strategic architecture）」を描くことに経営
トップは注力しなければならない。ここで，戦略設計図とは「どの
ようなコア・コンピタンスを構築すべきか，またそのために必要な
技術は何かを示した，未来についての一種のロードマップ（主要な
高速道路の載った全国地図であって，詳細な市街地図ではない）」
（プラハラド＝ハメル 1990），すなわち，「新しいコンピタンスの獲
得や既存のコンピタンスの活用をいかに行うか等についての大枠を
示した青写真」（ハメル＝プラハラド 1994）を意味している。

　環境の不確実性を考えると競争優位を獲得するために自社は今後
何を追求すべきかについて詳細な計画を立てることは不可能であ
る。ただ，コンピタンスを獲得するための大まかな目標を打ち出す

ことは可能であるし，またそうしないと将来に向けて競争力を高めることは決してできない。未来が不確実であればあるほど，戦略設計図を描き，企業のコンピタンス獲得プロセスを導く戦略の方向性を打ち出すことが経営トップに要請されるようになるというわけだ。

　またコンピタンスの構築にあたって，経営トップは戦略設計図に基づく努力の一貫性にも留意しなければならない。次の2つの事例は示唆的である（ハメル 1994）。多額の資金を費やしたにもかかわらず，ビデオレコーダーの録画・再生技術の開発に RCA が失敗したのは，プロジェクト・リーダーや事業部長の異動が激しく，研究プロジェクトへの支援が断続的になってしまったからだといわれている。それでは，コンピタンス獲得で最も重要な一貫した学習が弱められてしまう。対照的なのがソニーである。同社は β （ベータ）方式ビデオで屈辱的な敗北を味わったけれども，失敗によってコンピタンス構築努力を放棄したような企業とは異なり，コンピタンス開発チームを継続した。これにより，ソニーは8ミリビデオカメラで立ち直り，その後の大きな成功につなげた。ソニーは努力が継続せずに，コンピタンスが失われる時，数多くの潜在的な事業機会も同時に失われるというリスクの大きさを充分に認識していたといえる。

　経営トップは戦略設計図を描き，それを明示化することによって，自社にコア・コンピタンスの価値について全社的な共有を図るという役割を担わねばならないであろう。そうしたコンピタンス構築にたいする執念の差が今後の企業間競争の勝敗を決める大きな要因になるということをプラハラド＝ハメルは強調している。

(3)　ストレッチ戦略と経営資源のレバレッジ

①　ストレッチ戦略

能力ベース論と位置づけられるプラハラド＝ハメルのコア・コンピタンス論においても，グラントと同じく，伊丹のオーバーエクステンション戦略と同様のアイデアが提示され，かつその重要性が強調されている。それをプラハラド＝ハメルはストレッチ戦略とよぶ。1970 年代に分析的アプローチで戦略策定の在り方を説いたホファ＝シェンデル（1978）は，経営戦略を「組織の内部資源やスキルと，外部環境の生み出す機会やリスクとを適合させるもの」ととらえた，かれらのこの定義に代表されるように，当時の戦略論では企業の現有資源と外部環境の中に存在する機会との「適合（fit）」が重視されてきた。これに対して，現有の経営資源を上回る野心的な戦略目標を設定し，資源との間に意図的に「不適合（misfit）」をつくり出そうというのが「ストレッチ戦略（strategy as stretch）」に他ならない。この戦略の有効性を主張するハメル＝プラハラドは，ストレッチによって企業内部に意図的に不均衡をつくり出し，そこで生じたギャップを埋めようとする努力を通じて，企業の競争力（competitiveness）の源泉となる経営資源が蓄積され，資源基盤が拡充されるとみるのである。

ハメル＝プラハラド（1994）によれば，現時点での資源ポジションは未来の業界リーダーを予測するのにほとんど役立たないという。かつて，各々の業界で主導権を握っていたフォルクスワーゲン，RCA，ファイアストン，シアーズといった名だたる企業が，それぞれホンダ，ソニー，ブリヂストン，ウォルマートに業界の主導権を明け渡す羽目になったという事実を考えるとよい。これらのリーダー企業は経営資源に恵まれていたにもかかわらず，資源面でかれらに劣る企業にリーダーの座を譲らざるを得なかったのであ

る。この事実から，ハメル＝プラハラドは，企業が未来を制覇できるかどうかは，現有の経営資源ではなく，「経営資源のやりくりの巧さ（resourcefulness）」，言い換えれば「資源を蓄積していく知恵」で決まると考える。ゆえに，目標と資源の適合ではなく，不適合，すなわちストレッチが求められるとみるのである。

　ハメル＝プラハラドが強調するのは，ストレッチ戦略の出発点となるのが「業界の未来展望」であるということだ。それは，業界の未来を見通し，技術，人口構成，法規制，ライフスタイルなどのトレンドについての深い洞察に基づくものでなければならず，そうした業界の未来についてのイメージを設計図として示したものを，かれらが戦略設計図とよんだということはすでに述べた。それは，「自社がどのようなコア・コンピタンスを構築すべきか。またそのために必要な技術は何かを示した，未来についての一種のロードマップ」であり，もう少し具体的に言えば，未来に向け，自社はいかにして新しい資源を獲得するのか，や現有資源の活用をどのように行うかについての大枠を示した青写真がハメル＝プラハラドのいう戦略設計図なのだ。その代表例として，かれらは，かつて日本電気（NEC）が提示した「C&C チャート」を挙げており，同社はシステム化とデジタル化という 2 つの新局面を理解することからスタートして戦略設計図をつくり上げ，コンピュータと通信の合流点にあるビジネスチャンスを切り開くために必要な経営資源を洗い出したと分析している（ハメル＝プラハラド 1994, 112 頁）。

　ただ，戦格設計図を提示するだけでは，企業が未来にわたり競争優位を構築するためのカギとなる経営資源を構築していく知恵が企業の中に生まれてこない。このことはしっかり認識しておかねばならないとしてハメル＝プラハラドは注意を促している。そこでかれらは，戦略設計図のエッセンスを抽出した「戦略意図（strategic

図9　NEC の戦略設計図

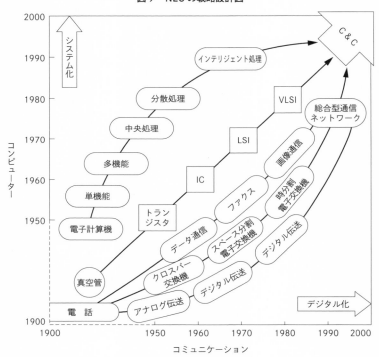

（出所）ハメル＝プラハラド（1994），112 頁。

intent）」の重要性を主張する。かれらによれば，それは「企業の
すべてのメンバーの心をかき立てる夢であり，戦略設計図に命を吹
き込むという役割を果たす」ことになる。つまり，戦略設計図は未
来に向かう道を示すが，そこに向かう旅に情熱と知力を提供してく
れるのが戦略意図なのである。このように，戦略意図の本質的機能
は企業メンバーの気持ちを駆り立てることにあることから，それは
当然野心的なものでなくてはならない。現有の資源や能力で充分対
応可能な目標では，ヒトは燃えない。かくて，戦略意図は現有の資

源との間にギャップを生み出す野心的な目標を掲げるものであり，確実に手に入るものより，手に入れることが望ましいものを問題にする必要がある。なお，戦略意図の例として，ハメル＝プラハラドは1960年代の日本企業コマツの「キャタピラを包囲せよ（Encircle Caterpillar：ライバルであるキャタピラの地盤が弱い市場や製品群で戦いながら徐々に同社を包囲し，最終的には世界市場でキャタピラの最大のライバルになること）」やキヤノンの「打倒ゼロックス」を挙げている。ちなみにカメラ専業時代の頃，キヤノンの戦略意図は「ライカ（名だたるドイツのカメラメーカー）に追いつけ，追い越せ」であったという。

　ハメル＝プラハラドによれば，戦略意図には3つの特質があるという。第1は，「方向感覚（sense of direction）」であり，それは「目的意識（sense of purpose）」と言い換えてもよい。すなわち，戦略意図は企業が未来に向かって進むべき方向を示すものでなくてはならない。ところが，大多数の企業では短期の業績目標しかメンバーに共有されておらず，また方向性の提示よりもコントロールの行使にウエイトがおかれているとハメル＝プラハラドは警告する。これにより，どこに向かっているかはわからないが，慣れ親しんだ道から外れるつもりはない」という姿勢が企業の中に生じてくる。これは最も危険な状況といえる。また，未来についてすべてを予測することができないことを考えると，目的地にたどり着く方法については十分な裁量の余地を残せるよう，戦略意図は広範に示す必要がある。ただし，方向を広範に示すものであって，方法を細かく規定したものではないことに注意すべきである。

　第2は，「発見したという感覚（sense of discovery）」であり，これは戦略意図が未知のものを発見する喜びをもたらすものでなければならないことを意味している。企業の掲げる戦略目標が競争相

手のそれとほとんど代わりばえしないものならば，メンバーが気持ちをかき立てられるはずがない。ゆえに，戦略意図は未知の挑戦的課題を示すべきで，そうでなければ少なくとも既知の目的地に到達する新しいルートを提示するものでなくてはならない。

　戦略意図は単に他社と違うというだけでなく，目指すに値するものでなければならない。これが戦略意図の第3の特質である「天命という意識（sense of destiny）」，端的に言えば，「使命感（sense of mission）」だ。使命感が感じられなければ，それは戦略意図とはよべない。例えば，「大きさで世界一になる」とか「ある大きさになる」というだけの目標では，ヒトが動くはずはない。成長の追求は企業にとって本質的な目標であるが，「何を目指して成長するのか」が明確にできれば，ヒトの気持ちに訴えかけることができる。ゆえに，「新しい競争領域をつくり出す」とか「リーダーに挑戦する」といった目標であれば，単なる数値目標よりも強くヒトを動機づけることになるはずだ。使命感が充分に感じられる目標だけが，企業メンバーの大きな努力を引き出すことができるのである。このように，自社の未来に向けての方向性を広範に提示し，企業メンバーにたいして未知のものにチャレンジする喜びをあたえるとともに，使命感をも感じさせる戦略目標，それが戦略意図にほかならない。かくて，それは上述したように，現有の資源からすると，無理と思えるような課題へのチャレンジ，つまりストレッチを企業に要請することになるのである。

　ここで，戦略意図によって生み出されるストレッチの概念についてもう少し詳しくみておくことにする。今，同一業界で競争しているα社とβ社の2社があり，それぞれ保有している経営資源と目標との間にギャップがみられるが，両社にそれぞれ存在するギャップはその内容が全く異なっているとしよう。まず，α社は経営資源を

豊富にもっており，これらの資源によって現在まで業界リーダーの
地位を維持してきた。しかし，同社には現在の地位を維持する以外
の目標はない。かくて，α社は資源に恵まれてはいるが，野心的な
目標はもっていないといえる。一方β社は小規模で，α社ほど経
営資源にも恵まれていないが，「α社に挑戦する」という野心的な
目標（戦略意図）がある。この例で，α社の資源と目標とのギャッ
プは資源の余剰，つまり資源がフルに活用されていないという意味
で，「スラック（slack）」であり，β社のそれが「ストレッチ」に
あたる。

　スラック資源が存在する場合，企業には，失敗を犯しても構わな
いとの余裕が生まれるかもしれない。ところが，そうした中では，
創造的な戦略思考が生まれにくい。これが問題なのである。逆に，
戦略意図によって生じた経営資源を上回るストレッチからは，独創
力が期待される。それは企業の成長と活力の原動力になるに違いな
い。その意味で，ストレッチこそが，競争優位を生み出すエンジン
の燃料といえる。

　もちろん最終的にはストレッチによって生じた現有の経営資源と
戦略意図とのギャップを埋めなくてはならない。その方法は，もち
ろん戦略意図で掲げた目標水準を下げることであってはならない。
それだと，創意への刺激が生まれないし，企業の潜在能力も目を醒
まさないままになってしまう。そこで，ハメル＝プラハラドは戦略
意図を小さくすることではなく，経営資源のレバレッジを提案して
いる。かれらによれば，資源をレバレッジ（てこ入れ）することに
よって，企業は資源ベースを拡充し，最少の犠牲で最大の成果を得
ることができるようになるという。

　「必要が発明の母」であるように，「ストレッチはレバレッジの
母」であると位置づけたうえで，ハメル＝プラハラドは，スト

レッチをレバレッジ能力に転換するには，なによりも「独創力
（creativity）」と「こだわり（persistence）」が求められることを強
調する。かれらの言葉を借りれば，「大きな野心をもつものの，資
源レバレッジ能力に欠ける企業は夢想家（dreamer）として置き去
りにされるし，一方，資源レバレッジ能力を有していたとしても，
野心に欠ける企業は単なるスリーパー（sleeper）でしかない。言
うまでもなく，野心もレバレッジ能力もない企業は敗者（looser）
とならざるを得ず，勝者（winner）となりうるのはその両方を備
えた企業のみ」なのである。では，企業は未来に向けての競争の勝
者となるために，いかにして経営資源のレバレッジを行えばよいの
であろうか。これが次節の課題となる。

　②　経営資源のレバレッジ──資源レバレッジの前提と方法

　ハメル＝プラハラドは，経営資源のレバレッジの議論に入る前
に，その出発点となる前提をいくつか挙げている。第1の前提は，
企業の捉え方であり，かれらによれば，企業は製品ないし市場に焦
点をあわせた事業単位のポートフォリオ（組み合わせ）としてだけ
でなく，諸々の経営資源のポートフォリオとしても捉えられる。こ
のことからも，かれらが組織能力の源泉となる経営資源を重視した
戦略論を展開していることは明らかである。

　第2の前提についても，繰り返しになってしまうが，それは，経
営資源のうえでの制約は必ずしも未来のリーダーという目標の達成
を妨げるものではないし，また豊富な資源が現在のリーダーの地位
の継続を保証するわけではないということだ。現実の企業間競争に
注目すれば，十分納得できるはずだ。

　第3の前提は，経営資源が市場と競争にあたえる影響力の大きさ
は，企業によって大きく異なり，経営資源に恵まれたところが必ず
しも競争優位を実現するわけではないことだ。ハメル＝プラハラド

はその論拠として，ホンダ，NEC といった日本企業がその競争相手である GM や IBM に比べ，研究開発予算がはるかに少なかったにもかかわらず，競争を優位に進めたことを挙げている。

　第4は，資源レバレッジの本質にかかわる前提であり，レバレッジでは生産性の分母（投資額や人員数）を減少させることよりも，その分子（収益や利益）を大きくすることを志向するというものである。かくて，かれらは，成果を高めることよりも，コスト減らしに躍起になっている昨今のリストラを分母中心の資源切り捨ての考え方に他ならないとして厳しく批判する。大前（1995）は，「今あるものを削るリストラクチャクリング的発想でも，今の仕事のやり方を並び替えるリエンジニアリング的発想でもなく，ゼロベースでまったく新しいものを創るという発想が今後の企業には求められる」としているが，ハメル＝プラハラドの資源レバレッジはまさにそうした本来の意味での創造的活動なのである。

　第5は，資源のレバレッジよりも，資源の配分に注意を払いすぎている経営トップが多いということである。そこには，経営資源の蓄積という発想はない。資源配分の効率性にかかわらず，結局，企業間の競争の優劣は資源レバレッジ能力によって決まるというのがかれらの基本認識なのである。

　そうした資源をレバレッジする方法は，ハメル＝プラハラドによれば，基本的には5つある（図10）。まずは，カギとなる戦略意図に諸資源を「集中」すること（concentrating）からスタートする。この資源の集中を通じて，組織の学習能力や諸資源を統合する能力が高められたり，さらに蓄積すべき資源，補完の必要性の有無，資源保護（節約）の方法が明らかになる。そして，最終的には投下した資源をできるだけ速く回収することによって，レバレッジの効果がいっそう高まるというのが，かれらの資源レバレッジについて

図10 経営資源のレバレッジ

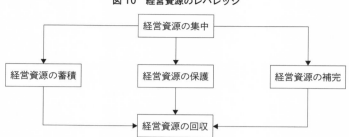

(出所) ハメル＝プラハラド (1994), 175 頁。

の考え方である。ゆえに，資源の集中を核として，資源を効率的に「蓄積」すること (accumulating)，資源を注意深く「保護」すること (conserving)，そしてスピィーディーに資源を「回収」すること (recovering) によって，企業は経営資源のレバレッジを行い，自社の資源ベースを拡充することができるのである。これらの資源レバレッジのやり方について個々にみていくことにする。

(4) 経営資源の集中

　ハメル＝プラハラドは，資源の集中を「一点集中 (converging)」，「焦点の集中 (focusing)」，「ターゲットの絞り込み (targeting)」の3つに分けている。まず，一点集中とは，長期にわたり，特定の戦略意図の実現に集中して取り組むことで，それにより企業の全メンバー，各部門の努力を結集することが可能となる。企業にとって，野心的な目標がないというのは大きな問題だが，衝突が避けられないような複数の戦略目標をもつのもまた問題といえそうである。戦略意図が特定されないと，資源は分散してしまい，資源のレバレッジは実現されなくなってしまう。資源のレバレッジに関しては，なによりも一貫性が重要なのだ。

　一点集中が，資源の分散を防ぐ役制を果たすのに対して，資源の希薄化を防ぐのが，焦点の集中である。戦略意図を実現するために取り組む必要のある目標は複数あるのが通常であるが，一度にそれを同時追求しようとはせずに，まず優先して取り組むべき目標に焦点を絞ることがそれに当たる。その好例がすでに紹介したコマツである。同社は 1970 年段階で，売上高，品質とも競争相手のキャタピラに大きく遅れをとっていたにもかかわらず，上述したような「キャタピラを包囲せよ」という野心的な目標，すなわち戦略意図を掲げた。コマツはこの意図を実現すべく，TQC を導入し，まず品質改善という目標に絞り込みを行い，世界水準を達成した後，順次，生産の合理化，製品開発のスピード，低コストでの多品種生産へと焦点を移すことに成功したという。優位性がひとつひとつ積み重ねられていったというわけだ。

　さらに，的を得たものに焦点を当てることも重要だ。すなわち，顧客に認知される価値ができるだけ大きくなるような分野をターゲットに据えるということも忘れてはならない。それがターゲットの絞り込みのポイントとなる。パソコンの OS，ユーザーインターフェース，コア・アプリケーションにターゲットを絞ったマイクロソフトを考えるとよい。同社のように，顧客が競争相手との違いを明確に認知できるような分野にターゲットを絞り込むことができれば，経営資源はレバレッジされるのである。

⑸　経営資源の蓄積

　資源の蓄積は，「掘り起こし (mining)」と「借り入れ (borrowing)」とからなる。掘り起こしというのは，自社の中に蓄積された経験から企業が学習することを意味している。企業間に違いを生み出すのは，蓄積された経験の質や量よりも経験から学習を掘り起こして

いく能力だとハメル＝プラハラドは考える。事業活動を通じて積み重ねられていく経験から，改善とイノベーションのアイデアを掘り起こす能力，いわゆる学習効率の高さは，経営資源レバレッジのきわめて重要な要素である。大切なのは，成功や失敗の経験をつむたび，それを学習する機会と捉える姿勢であろう。そうした姿勢を身につけられるかどうかが，資源レバレッジの可否のカギを握っているといっても言い過ぎではない。

　経営資源を蓄積し，レバレッジするもうひとつの方法は，他社の資源を借り入れることである。これは具体的には，ライセンス供与，技術提携，共同開発といった，いわゆる「戦略的提携」(strategic alliance) の形をとる。借り入れによって，企業は社外の資源を活用できるばかりか，学習を通じて提携パートナーのスキルを自分のものにできるかもしれない。この意味で，提携は学習をめぐる競争といえる。とすれば，謙虚に学ぶという姿勢で提携に臨むことができるかが，借り入れ能力に影響をあたえることになる。それができなければ，パートナーのスキルを自分のものにできないばかりか，社外のスキルをパートナーに譲り渡してしまうような「マイナスのレバレッジ」が生まれかねない。この点には，十分に注意を払わなくてはならない。

⑹　経営資源の補完

　資源を補完することによって，資源レバレッジを実現する方法は2つある。ひとつは資源を「ブレンドすること (blending)」であり，もうひとつは「バランスをとること (balancing)」である。ブレンドというのは，個々の組織メンバーがもっている知識やスキルを結合して，それらの単純総和よりも大きい，あるいはそれらと異なったものをつくり出すことを意味しており，技術結合，職能の

結合，新製品を生み出す創造力といった多様なスキルが必要とされる。異種の技術や職能を結合する能力は，すでに述べたとおり，組織能力そのものであり，よって資源のレバレッジは企業独自の組織能力にかかっているといえる。

　資源補完の第2の方法はバランスであるが，ハメル＝プラハラドによれば，バランスを保つためには，腰掛けと同じように企業には少なくとも三本の脚が必要になるという。一本は強力な製品開発力，もう一本は世界水準のコストと品質で製品を製造したり，サービスを提供する能力，最後の一本は充実した流通，マーケティングおよびサービス基盤である。いずれの脚でもそれが他社よりかなり短いところ，すなわちバランスの悪いところは，企業としての強みを充分に生かすことができないだろう。中小のハイテク企業を考えるとわかりやすいかもしれない。製品開発力は申し分ないのに，ブランドや販売力で弱かったりするところが少なくないからだ。バランスのための有力な手段のひとつが買収だ。かつてソニーはCBSレコードやコロンビア・ピクチャーズを買収したが，同社はこの戦略行動によって，自社の欠けている重要な資源を獲得してバランス（補完）に成功し，資源のレバレッジを実現した。そのようにとらえることができるだろう。

(7)　経営資源の節約

　「リサイクル（recycling）」，「競争相手の取り込み（co-opting）」，「防御（protecting）」が経営資源を節約する方法であり，それを通じて資源のレバレッジが実現することになる。まず，リサイクルというのは，もちろん資源を再利用することであり，既存の資源をリサイクルする頻度が高いほど，レバレッジは大きくなる。コアとなる技術を多様な製品に応用していくことがリサイクルの代表例であ

るが，それはもちろん技術に限定されるわけではない。良好な企業
イメージのリサイクルも考えられる。「ハイ・クオリティ」という
企業イメージが顧客に浸透しておれば，当該企業はそれを新製品に
再利用できるだろう。ここで，ハメル＝プラハラドがリサイクル資
源として取り上げているものが，伊丹（1984）の言う情報的資源で
あることに注目しなくてはならない。それは「使い減りせず，同時
多重利用ができる」企業にとって意味のある資源なのである。

　競合しそうな相手を共通の敵との戦いに引き込むというのが，資
源節約の第2の方法，資源の取り込みである。共通の目的をもつ競
争相手を識別し，目的達成を目指して，その相手を巻き込もうとい
うものであり，「敵の敵は友」という考えに基礎をおいている。取
り込みには，共通目的という「アメ」のみならず，他社が頼らざる
を得ないような何らかの決定的な資源を自社が握っていることも必
要であり，それが「ムチ」にあたる。アメとムチを使い分けた好例
として，ハメル＝プラハラドは富士通とコンピュータ事業における
同社のパートナー企業（イギリスのICL，ドイツのシーメンス，ア
メリカのアムダール）との関係を挙げている。各パートナーとも富
士通と共通する「IBM支配への挑戦」という目的（アメ）をもっ
ており，しかも各社とも半導体，中央処理演算装置，ディスク・ド
ライブ，プリンター，端末，部品とほぼ全面的に富士通に依存して
いた（ムチ）という。そうした状況をうまく活用して，富士通は資
源の取り込みに成功したのである。

　第3の防御とは，自社が不要な危険にさらされないよう，競争相
手の盲点をついたり，奇策に打って出たりすることをいう。競争相
手のホームグラウンドに攻撃をしかけたり，自社よりも大きな相手
に力ずくで立ち向かおうとしたりするのは，防御とは逆の考え方で
あり，自殺行為といえる。この防御による資源レバレッジについ

て，ハメル＝プラハラドは「柔道」の考え方に近いとしている。つまり，相手の体重と力をうまく利用するのが柔道の大原則であるが，防御も同様に，「相手の攻撃する力を吸収するというよりも，それをうまくかわして相手のバランスを崩し，あとは相手が勢い余って倒れるのを待つ」というわけだ。例えば，強力なディーラーをもち，販売網が充実している競争相手に対抗する力がない企業が，通信販売方式を採用し，競争相手の戦略の矛盾をつくというのは防御のひとつのやり方であろうし，ライバルの注意がほかに集中していて，油断しているすきをついて，かれらの目の届かない，いわゆる守りの甘い市場に参入を試みるというのもこの防御というアプローチに含まれよう。

(8)　経営資源の回収

経営資源をレバレッジする最後の方法は，資源を投入してから，それらの資源を回収するまでの時間をできるだけ短縮化することである。要するに，「成功を早めること（expediting success）」といってよい。資源投入量が同じであったとしても，その資源を競争相手よりも2倍の速さで回収できる企業は，レバレッジの効果も倍にすることができる。例えば，新製品開発時間を考えてみよう。その短縮化によって，どんなメリットがもたらされるであろうか。投資を速く回収できるだけでなく，最新の品揃えを行ったり，顧客に買い替えの機会をより多く提供したりすることもできるだろう。ハメル＝プラハラドは日本の自動車メーカーに競争優位をもたらしたのは，こうした製品開発のスピードであるとしているが，これはクラーク＝フジモト（1991）の実証研究でも確認されている。かれらは「製品開発力（product development performance）」の要素としてリードタイム，生産性，製品の品質の3つを挙げており，な

かでもリードタイムが製品開発全体に対して，強力なてこ入れ効果を及ぼすとみている。そのリードタイムでみると，「日本は欧米に比べてかなり短くなっており，プランニング・リードタイム（コンセプトの創出から製品プランニングの終了までの時間）は，日本が14カ月であるのに対して，欧米は22〜23カ月，エンジニアリング・リードタイム（製品エンジニアリングの開始から製品販売の開始までの時間）でみても，日本が30カ月であるのに対して，欧米は40〜42カ月も要していたという（クラーク＝フジモト 1993, 110頁）。日本の自動車メーカーがそうであったように，経営資源の迅速な回収により，資源のレバレッジが実現するのである。

　かくて，経営資源を戦略意図に「集中」し，効率的な「蓄積」と創造的な「補完」を行うとともに，注意深く「保護」し，そしてスピィーディーに「回収」することによって，企業は資源をレバレッジして，ストレッチ戦略によってつくり出された野心的な戦略意図と現実とのギャップを埋めることができるのである。

　プラハラド＝ハメルのコア・コンピタンス論について整理すると，このようになろう。最後にかれらの議論で特に注目すべきポイントを指摘しておきたい。それは，かれらが企業の持続的競争優位の源泉となるコア・コンピタンスという組織能力の重要性を語るだけにとどまらず，成功という果実の中には，失敗という種子が身を潜ませているとして，今日的な言葉で言えば「成功の罠（サクセス・トラップ）」を考慮に入れていることだ。成功は独創性を失わせかねない。成功の罠に陥らないためには，戦略意図を通じて継続的に目指す目標を野心的なものに引き上げる必要がある。プラハラド＝ハメルに言わせれば，企業に持続的成長をもたらす唯一のワクチンは，ストレッチの意識を更新することなのだ。それは伊丹やグラントの議論，そして最新の競争戦略論にも通じる重要な捉え方と

いってよい。それゆえ，これについては，あらためて述べることにする。

3　ストークほかのケイパビリティ論

(1)　ケイパビリティとは

ビジネスシステムを構築し，それを有効に機能させる組織能力を重視するストークほか（1992）の研究も能力ベース論の重要な研究のひとつということができる。企業に持続的競争優位をもたらすケイパビリティは一連のビジネス・プロセスだというのがかれらの主張であるが，それを詳しくみていくと，そこにはやはり組織能力の重要性が含意されている。

ストークほかによれば，ケイパビリティとは「戦略的にとらえられた一連のビジネス・プロセス」である。ここで「ビジネス・プロセス」とは事業活動の遂行プロセスをいい，一連という言葉が入っていることから，それが企業のビジネスシステムを意味しているのは明らかであろう。また「戦略的にとらえられた」というのは持続的な競争優位を獲得するように設計されたという意味と考えてよい。ゆえに，ケイパビリティについては，「企業に持続的な競争優位をもたらすビジネスシステム」ととらえて差し支えない。

ストークほかはサービス業の企業を対象とした実証研究に基づいてケイパビリティのコンセプトを明らかにするとともに，現在の企業間競争はそうしたケイパビリティをベースにした競争であると主張し，「ケイパビリティ・ベース競争（competing on capabilities）」の４つの原則を提示している。さらに，メーカーにも研究を広げて，企業がケイパビリティをベースにした競争企業に変身していくための変革プロセスにも言及していることも興味深い。以下では，ストークほかの主張にしたがって，まずかれらのい

うケイパビリティが組織能力を意味していることを確認する。そしてかれらの提唱する競争優位を持続可能なものにすることができるケイパビリティ・ベース企業になるにはどのように変革を進めていけばよいか，その変革プロセスをみることにしよう。

(2) ストークほかによるウォルマートの事例分析

　ストークほかは，かれらのいうケイパビリティのコンセプトを明らかにするために，アメリカの小売業界で圧倒的な競争優位を獲得しているウォルマートのケイパビリティに注目する。「ウォルマートの成功の秘密は何であろうか」と，まずかれらは問いかける。「創業者，サム・ウォルトンの非凡な才能」，「店先で顧客を愛想よく迎える出迎え人の存在」，「低価格戦略」といったよく指摘される要因は表面的なものに注目しているにすぎず，それだけでは成功の説明がつかないという。ウォルマートの成功の本当の秘密は同社のケイパビリティをベースにした競争企業に変身させた一連の事業戦略の決定の中にあるというのが，ストークほかの主張だ。

　ウォルマートは顧客ニーズを充足することに頑固なまでのこだわりをもっており，そうした考え方を実行に移すべく，①顧客が上質の製品を入手できるようにする，②これらの商品を顧客の要求に応じて，いつでもどこでも提供できるようにする，③競争優位をもたらす価格設定を可能にするようなコスト構造を実現する，④絶対的に信頼できるという評判を築き，それを維持する，という4つの事業目標を設定した。これらの目標を達成できるようなシステムを追求していくなかで，同社はケイパビリティを構築していったというのである。

　これに関して，在庫補充のやり方がこれらの事業目標を達成する鍵になるとして，ウォルマートが「クロスドッキング（cross-

図11　ウォルマートのケイパビリティ

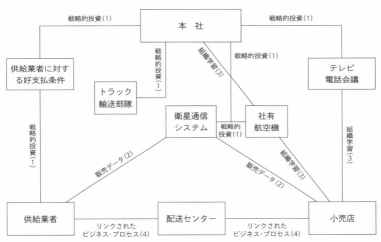

ウォルマートでは，ケイパビリティの構築は戦略的投資（1）でスタートする。すなわち，供給業者に対する好支払条件，社有のトラック部隊，衛星通信システム，社有の航空機，それにテレビ電話会議への戦略的投資である。こうした投資によって，供給業者は各店舗から直送される販売データ（2）に迅速に対応できるし，配送センターは新たな注文に対して48時間以内に配送することが可能になっている。また，各店舗のマネジャーたちはベスト・プラクティス（3）を共有することができる。その結果として，リンクされたビジネス・プロセス（4）がウォルマートに競争優位をもたらしているのである。

　（出所）ストークほか（1992），60-61頁を一部修正。

docking）」とよばれる物流システムを構築したことが重要である。この物流システムの下で，商品は継続的にウォルマートの倉庫へ運ばれ，そこで選別・再包装され，在庫として保管されることがほとんどなく，各店舗へと迅速に配送されていく。クロスドッキングによって，ウォルマートでは在庫コストや輸送コストを減少させ，販売コストを業界平均よりも大きく削減するのに成功している。このコスト差が同社の低価格戦略を可能にしたといえるし，またこのことがさらなる優位を生むことになる。すなわち，低価格は販促活動

の経費削減に寄与するだけではなく，売上を予測可能にするため，品切れや過剰在庫を減らすことにもつながる。そうした優位性がウォルマートにおいて出迎え人というポジションを設ける余裕を生み出したといえる。

しかしそれ以上に注目すべきなのは，ウォルマートがクロスドッキングを機能させるために，通常の許容範囲を大きく上回る戦略的な投資を行い，相互に連動する多様な「支援システム」を構築したことだ。第1に，「情報システム」の構築がある。ウォルマートでは，注文が出されてから，それが配送されるまでの時間を短縮するには，配送センターと供給業者，および各店舗の販売時点の緊密かつ継続的な連携が必要であると考え，かれらに直接POSデータを送信できるよう，社有の衛星通信システムを稼働させている。また，それを利用して各店舗のマネジャーにも顧客行動についての詳細な情報を提供していることも注目される。

第2に「輸送システム」である。ウォルマートは19の配送センターから2,000台もの社有トラックを使って商品の輸送を行っているが，この専用トラック部隊によって，ウォルマートでは倉庫から店舗への48時間以内の商品配送と，店舗の商品棚を平均週2回の割で補充することが可能になっている。業界平均が2週間に1回ということを考えると，これはきわめて大きな便益といえる。

クロスドッキングを支援する第3のシステムは「管理システム」である。もともと小売業界では，マーチャンダイジングや価格設定，プロモーションについての決定は本社レベルで行われるのがつねであった。しかし，クロスドッキング・システムにおいては，小売業者が製品をそのシステムに「押し込む」のではなく，顧客が必要とする時に，必要とするところで，製品を「引っ張る」のである。このやり方を実行するために求められる，店舗や配送セン

ター，提供業者間の頻繁かつインフォーマルな協働を促進すべく，同社は分権的な管理システムを採用している。ゆえに，ウォルマートにおける経営幹部の仕事は，「各店舗のマネジャーに細かく指示をすることではなく，かれらが市場から学習し，またお互いに学習し，またお互いに学習できるような環境づくりをすること」なのである。ウォルマートがそうした「組織学習」を重視していることは，上述した情報システムの構築からも明らかであり，それは次に述べる「会議システム」にも反映されている。

　ウォルマートでは，社有の航空機を使って，各店舗のマネジャーを本社に呼び寄せて，市場のトレンドとマーチャンダイジングに関する会議を開いてきた。しかし店舗数の増大により，航空機の利用による会議では緊密な連携が維持できないとして，全店舗と本社，それに店舗同士を結ぶテレビ中継局を設置している。各店舗のマネジャーは，製品の売れ筋や有効なプロモーションの方法について情報交換を行うために，テレビ電話会議を活用しているのである。

　最後は「報酬システム」である。ウォルマートでは，現場の従業員が顧客ニーズを充足していくうえで重要な役割を演じていることを充分認識しており，「従業員持株制」や「株式分配制」の導入により，かれらの仕事意欲を高めるための支援システムを構築した。以上の支援システムが連動して，ウォルマートの鍵となるクロスドッキング・システムを有効に機能させる役割を演じているのである。

　ウォルマートの成功の鍵は，明らかにクロスドッキングにある。にもかかわらず，競合企業はこれを模倣できないでいる。どうしてだろうか。一言でいえば，この物流システムの管理が難しいからだ。クロスドッキングを有効に機能させるには，通常の許容範囲を上回る戦略的投資を必要とする，上述した複雑な支援システムを構

築しなければならない。そのシステムは構築することが難しいだけ
でなく，マネジメントもまた困難を極める。このように，ウォル
マートが構築した物流システムと支援システムからなる全体的なビ
ジネスシステムとそのマネジメント能力が同社の持続的な競争優位
に寄与しているというのがストークほかの結論である。ここで注目
しなくてはならないのが，ビジネスシステムを支える各種のシステ
ム（情報システム，輸送システム，管理システム，会議システム，
報酬システム）がウォルマートのメンバー一人ひとりの共通した仕
事のやり方（ルーティン）を生み出していることだ。言い方を換え
れば，これらの支援システムがまさにウォルマートの組織ルーティ
ンの形成に直結しているというわけだ。この組織ルーティンがウォ
ルマートの保有する経営資源を同社の組織能力に転化させており，
それが同社に持続的競争優位をもたらしているとみるべきであろ
う。ウォルマートの持続的競争優位の源泉は，同社の構築した組織
能力にほかならない。

　ストークほかは，このウォルマートの事例分析から，ケイパビ
リティをベースにした競争に勝利するための4原則を導き出してい
る。これまでの議論を整理する意味で，それを以下に示しておこ
う。

　1．経営戦略の根本要素は，製品や市場ではなく，一連のビジネ
　　　ス・プロセス，すなわちビジネスシステムである。
　2．競争優位が得られるかどうかは，ビジネスシステムが顧客価
　　　値を一貫して生み出せるかにかかっている。
　3．企業は，伝統的なSBU（戦略事業単位）や諸職能を相互に
　　　リンクさせるために，支援インフラ（支援システム）に戦略的
　　　投資を行い，独自の組織ルーティンを形成し，することによっ
　　　て，ケイパビリティを構築していく。

　4．ケイパビリティは組織としての全体的な能力で必然的に職能
　　横断的なものになることから，能力ベース戦略の核になるのは
　　やはり CEO（最高経営責任者）である。

　これら4つの原則は，後述するケイパビリティ・ベース企業に変
身するための4つのステップに対応することになる。詳しくは以下
でみよう。

(3)　ケイパビリティ・ベース企業への変革プロセス

　ストークほかはサービス業の事例分析にとどまらず，メーカーに
も研究対象を拡げ，そこでの研究成果に基づいて，企業はいかにす
ればケイパビリティ・ベース競争に勝利することができるかという
問題にも取り組んでいる。これは，企業がケイパビリティ・ベース
企業に変身するにはどのようなステップを踏むべきなのかという変
革プロセスの問題にほかならない。

　ストークほかが取り上げたのは，ある医療機器メーカー（かれら
は，同社を「メディクィップ」と仮の名でよんでいる）の変革プロ
セスである。メディクィップがおかれた競争状況はこうであった。
かつて同社は確固たる市場地位を築いていたが，新しい競合企業に
市場シェアを奪われ，その打開策を講じている矢先に，当該企業が
今度はメディクィップの売れ筋製品の低価格バージョンを導入して
きた。メディクィップはこれに対抗して，競合企業よりもさらに低
価格の製品を開発したものの，市場への導入は自社の収益性低下に
つながることから，その発売に二の足を踏んでいた。メディクィッ
プの経営幹部は苦心しながら，根本的な発想転換を行い，製品や市
場によるのではなく，自社組織のビジネス・プロセスによって競争
状況をとらえなくてはならないと考えるようになった。かれらが自
社の鍵となる職能として着目したのは，現場サービスである。

　もともと，メディクィップの各職能部門は自律的に運営されており，現場サービス部門も販売部門から分離された典型的なプロフィット・センターであったために，そこではコストを削減すべく，大型機器を購入した顧客のみに常勤のサービスマンを配置するというやり方をとっていた。そうした中で新しい発見があった。サービスマンが配置された顧客は，他の顧客よりもかなりの頻度でメディクィップを選び，さらに同社の他の製品と組み合わせて購入しているという事実である。その理由は単純で，サービスマンが担当する顧客の好みを知り尽くしていたのと同時に，機器のトラブルにも迅速に対応することができたからだ。この事実をふまえ，経営トップは自社の競争についての考え方を改めるようになったが，特に重要なのは，現場サービスを独立した職能ではなく，新たに販売・サービス部門のひとつと位置づけ直したことである。それは，メディクィップのトップが下した以下の3つの決定に反映されている。

　第1は，ターゲットの特定である。現場サービスの保証は高くつくために，メディクィップでは顧客を3つのカテゴリー，すなわち得意先，多数の競争相手がいる顧客，競争相手が優位に立っている顧客，に分類した。同社は，例外的な場合を除き，競争相手が優位に立っているような顧客は無視して，残りの二者をターゲットとして定め，かれらには，その取引規模にかかわりなく，少なくとも一人のサービスマンを配置することを決めた。

　第2の決定は，組織の再編である。メディクィップでは，ターゲットとして定めた顧客のみを対象として活動するため，販売，サービス，オーダー・エントリーの各機能にまたがる職能横断型チームを編成した。その結果，サービスマンはセールス方法を学習することができ，新たな販売の足がかりをつかむという重責を担え

るようになり，販売スタッフの負担が軽減された。それは，負担軽減というだけでなく，セールスマンが長期的な顧客ニーズの把握という戦略的な役割に集中できるという重要なメリットを生むことにもなったのである。最後は，トータル・サービスに積極的に関与するという決定である。実際，メディクィップでは，セールスマンに競合企業の機器の修理方法まで教え込んだという。

　これらの決定を実行に移した結果，現在では，メディクィップは市場シェアの下落をくい止めるどころか，大幅なシェアの拡大に成功している。この事例から，ケイパビリティ・ベース企業への変革プロセスを抽出することができるだろう。ストークほかによれば，それは以下の４つのステップに整理される。

　最初のステップは，競争優位につながるようなビジネスシステムの構築に向け，戦略の枠組みをシフトすることである。メディクィップを例にとると，同社はこれまでの職能志向，コスト志向，プロフィット・センター志向を捨て去り，顧客ニーズを満足させるうえで決定的に重要な職能を識別して，それをうまく機能させることによって競争優位を取り戻している。現場のセールスマンをターゲット顧客に配置し，職能横断型の販売・サービスチームを編成するというメディクィップが下した決定は，同社のケイパビリティ・ベース戦略を反映したものといえる。

　自社が選定した競争優位のカギとなる職能を軸に組織を再編し，当該職能に従事する社員が必要なスキルを身につけられるようにすること。これが第２のステップである。メディクィップでは，優れたビジネスシステムの構築という野心的な目標を実現すべく，「顧客セールス・サービス」という部門を新設し，そこにターゲット顧客への対応を一任するという重要な決定をくだし，それを速やかに実行した。さらに組織再編にとどまらず，新しい役割を担うことに

なる社員に必要な訓練を施し，かれらのレベルアップをも図っている。加えて，先に取り上げたウォルマートと同じく，メディクィップがそうしたカギを握る社員の「支援システム」を構築していることも見逃せない。同社の構築した「情報システム」がひとつの例となろう。現場のサービスマンはこの情報システムを活用して，自社の製品ラインのみならず，競合企業の製品ラインについての情報にも迅速にアクセスすることができる。これは競争優位に直結するスキルの獲得という意味で，重要な支援システムをなしている。

　第3のステップは，ケイパビリティ構築の進捗状況を目に見えるようにして，評価基準および報酬に一貫性をもたせることである。評価基準がバラバラであっては，有効なビジネスシステムの構築という野心的な目標は到底達成しえない。メディクィップでは，このことを充分認識して，評価基準と報酬システムを自社の新しいビジネスシステムに合致するようにつくり変えている。現場サービスマンはこれまで，全体的なサービスという見地から評価されてきたが，メディクィップはそれを改め，「顧客別，製品別のシェア」という新しい評価基準を導入した。チームメンバーの給与がこの新しい基準にしたがって算定されたのは言うまでもない。

　ストークほかは最後に，ケイパビリティ・ベース企業に変身していくプロセスの中心はトップであることを強調している。「ケイパビリティは職能横断的なものであるため，ケイパビリティ・ベース企業への変革プロセスはトップ主導の方向づけと経営幹部の積極的な関与を必要とする」からである。それはまさに今競争戦略論で注目されている両利き戦略と両利きのリーダーシップという考え方に通ずるものといえる。もちろんこれらについては，あらためて述べることにする。

　このように，ストークほかは，企業のビジネスシステムに注目し

て競争優位の問題に取り組んでいるが，その根底にあるのは，ビジネスシステムをうまく機能させ，競争優位の持続可能性を高めているのは，組織能力だということである。独自の組織ルーティンが企業の各種資源を組織能力に転化させ，それがビジネスシステムの有効性を高めている。そこにかれらの主張の最大のポイントがあるとみるべきであろう。

　以上，能力ベース論の代表的研究を３つみた。そこから明らかなように，能力ベース論では，持続的競争優位の源泉になる能力を，個人の能力と区別するために，組織能力とよんでいるが，それ以外にも，能力を組織能力ととらえる重要な意味がある。つまり，資源を組み合わせて能力に転化している主体は組織成員であり，組織成員の行動が適切に調整されるとき，資源は能力に転化する。そうした調整は，日常的な職務の遂行による学習を通じて定型化された仕事のやり方，あるいは行動のルールを意味する組織ルーティンを通じて行われる。つまり，資源は組織を通じて能力に転化しているので，この能力を組織能力とよぶことができる（中橋 2005, 2007, 2008b）というわけだ。

　このように能力ベース論では，企業の競争優位の源泉になるのは組織能力であり，それは組織ルーティンによって諸資源が適切に組み合わされて生まれるということを明らかにしたという意味で，競争戦略論の発展に大きく寄与したといってよい。しかしそこにも問題がないわけではない。

　次章の課題は，能力ベース論のどのような点が批判の対象になっているのか，なぜそうした批判がなされているか，これらの問いに答えることである。

第4章

能力ベース論に対する批判的研究

　能力ベース論に対する批判的研究の中でも重要なのは，コア・リジディティ論とイノベーターのジレンマ論であろう。一言で言うなら，これらは，特定の状況において競争優位の源泉であった組織能力が，それとはまったく異なる状況では逆に障害になるおそれがあることを強調するものといえる。以下で詳しくみよう。

I　コア・リジディティ論

　能力ベース論に対する代表的な批判的研究のひとつに，レオナード‐バートン（1995）のコア・リジディティ論がある。これは簡単に言うと，組織能力のリジディティ，すなわち硬直性を問題にするものである。彼女は組織能力を「コア・ケイパビリティ」とよび，それを，①従業員の知識とスキル，②物的システム（従業員の知識を蓄積するデータベース，機械，ソフトウエア・プログラム），③マネジメント・システム（従業員の知識をガイドし，モニターするための教育システムやインセンティブ・システム），④価値観と規範（どんな知識を探して育てるか，どんな知識構築活動を受け入れ奨励していくかを規定するもの），という4つの独立した次元が相互に連動して，作用し合っているシステムであると捉えている。この中で①と②は知識が蓄積される場，ないしダイナミック・コン

ピタンスとみなされ，③と④は知識をコントロールするメカニズム，もしくは知識を伝達するメカニズムととらえられる。レオナード‐バートンは，そうした相互依存的なシステムとしてのコア・ケイパビリティが企業の競争優位の源泉になるのであり，環境条件が変化しない限り，企業はコア・ケイパビリティというシステムのもたらす優位性を享受できるとしている。

ところが，大きな環境変化に直面すると，これまで自社に成功をもたらしたコア・ケイパビリティという組織能力を解体しなければならなくなる。しかし，競争優位を生み出したコア・ケイパビリティというシステムは「慣性（inertia）」を持ち始めており，解体が難しくなる。レオナード‐バートンはこれを「コア・リジディティ」とよんだ。要するに，コア・リジディティは，コア・ケイパ

図 12　コア・ケイパビリティ

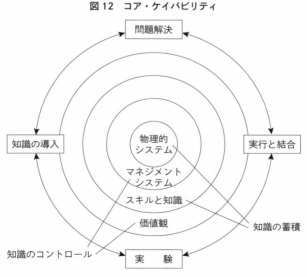

（出所）レオナード‐バートン（1995），19 頁に加筆。

ビリティとコインの裏表の関係にあるというのだ。

　ではコア・ケイパビリティはなぜコア・リジディティになってしまうのだろうか。もっとも一般的な理由として，レオナード‐バートンが挙げるのは「オーバーシューティング」である。それは，よいことを数多く行えば，つねに事はよい方向へと向かうという単純な考えに囚われ，ついつい行き過ぎてしまうことを意味している。これまで利益をもたらした活動であってもそれが行き過ぎると，成功の助けではなく，妨げになってしまう。彼女によれば，80年代に優れたパフォーマンスを実現した日本の自動車メーカーが90年代に入り失速してしまったのも，このオーバーシューティングによるものだという。

　80年代，日本の自動車メーカーに成功をもたらしたのは，スピーディーな新製品開発能力であったとされる。日本の自動車各社はモデルチェンジの期間が短く，欧米の競合企業よりも迅速に新車を発表し，製品ラインの拡充を図り，顧客満足を実現してきた。まさにこうしたケイパビリティが日本の自動車メーカーの競争優位の源泉となっていたことは間違いない。しかし，かれらはこのケイパビリティを90年代にも適用し続けた。その結果，何が起こったのか。顧客の要求に応えるべく，膨大な注文リストに基づき次々と新車を出し，また円高が進みコストが見合わないのに，過剰な品質管理を実践した。まさにオーバーシューティングの典型である。

　レオナード‐バートンはいう。「かつて米国企業は専門化による大量生産方式で競争力を得たが『過剰な専門化』によって苦しむ結果となった。以前の日本企業は製品の多様性で競争優位を享受したが，今では（それを追求し過ぎて）『過剰な多様化』によって苦しんでいる」（レオナード‐バートン 1995, 33頁）と。

　環境が変化すると，これまで競争優位の源泉となった組織能力を

変革することが企業にはどうしても必要になる。しかし，組織能力の硬直性により，これまでの能力を解体し，新たな能力を構築することはきわめて難しい。能力ベース論のいうように，いったん組織能力を構築できれば，それにより競争優位が持続するわけではなく，コア・リジディティということを踏まえると，持続的競争優位を実現するには，既存の組織能力とは異なる新たな組織能力を構築しなければならない，それこそがコア・リジディティ論のエッセンスであるといえよう。

Ⅱ　イノベーターのジレンマ論

　クリステンセン（2000），クリステンセンほか（2003）もレオナード‐バートンと同じように新たな組織能力を構築する必要性とその難しさを強調する。彼のイノベーターのジレンマ論についてみることにしよう。

　その主張を要約すると，「顧客の声に耳を傾け，かれらの要求に応えるようにイノベーションを実行し続ける企業（イノベーター）はそれが災いして，やがて新規参入企業に敗れ，その地位を失ってしまう」ということになる。クリステンセンにしたがえば，イノベーションは持続的イノベーションと破壊的イノベーションという2つのタイプに分けられる。持続的イノベーションとは，市場の多くを占める主要顧客がこれまで高く評価してきた製品の性能指標を向上させる新製品をつくり出すことをいい，そして破壊的イノベーションとは，市場の主要顧客が求める指標では弱いが，それとは異なる指標について別の顧客層から高く評価される新製品を生み出すものと定義されている。そのうえで，持続的イノベーションと破壊的イノベーションとではその勝者が異なるとクリステンセンはみ

る。つまり，市場の主要顧客に高く売れる，より良い製品をつくることで競い合う持続的イノベーションの状況では，既存の優良企業が勝利を収めることになるが，新規顧客やローエンドの顧客層の求めるニーズに応えうる新製品の商品化が課題となるような破壊的イノベーションの状況では，既存の実績ある企業は新規参入企業に敗れるというのだ。

　これについて，クリステンセンはハードディスクドライブ（HDD）業界を例にとって説明する。同業界において，既存の実績ある優良企業は市場の多くを占める主要顧客が HDD に求める性能（記憶容量と記憶密度や処理速度）について率先して新しい技術を開発し，標的顧客の要望に応えて，かれらからの支持を得ていた。すなわち，実績ある企業は持続的イノベーションによって HDD 市場の多くを押えていたのである。一方，新規参入企業は持続的イノベーターの訴求する性能指標では劣るものの，実績ある企業とは明らかに異なる指標である，小型，軽量，使いやすさ，低価格を訴求する製品開発を行った。これはまさにクリステンセンの言う破壊的イノベーションそのものであり，新規参入企業はこの破壊的イノベーションにより，限定されているものの新たな市場の開拓に成功したということになる。

　短期的にみれば，既存の優良企業は市場の主要顧客を対象に持続的イノベーション（記憶容量の増加，処理速度をアップした HDD の開発）を追求して成功し，新規参入企業は破壊的イノベーションにより，新市場と新顧客層を開拓して成長を実現するというすみ分けが成り立つ。ところが，優良企業の持続的イノベーションの成果はある段階で主要顧客のニーズを超えてしまう。そうなると，記憶容量や処理速度を主要顧客は価値とみなさなくなる。そして，HDD の小型化，使い勝手の良さ，価格の安さといった，これまで

とは異なった新しいニーズに目を向け始める。破壊的イノベーションが無視できない力を持つようになるのだ。また新規参入企業が破壊的イノベーションをさらに推進していくうち，この技術を利用した新製品の性能はこれまで主要顧客が重視してきたニーズも満足させるようになることも見逃せない。その結果，破壊的イノベーションの価値が市場で広く認められることになり，既存の優良企業の提供してきた従来製品の価値が消失してしまうことから，かれらは破壊的イノベーターに敗れ去るというわけだ。

　では，既存の優良企業はどうして破壊的イノベーションに対応できないのだろうか。なぜなら，優良企業は持続的イノベーションを実現するのに有効な組織能力を構築しているが，それは破壊的イノベーションに求められる組織能力とはまったく違ったものだからである。クリステンセンは組織能力が資源，プロセス，価値基準の3つから構成されることに注目し，そのうちプロセスと価値基準が破壊的イノベーションのための新しい能力構築の妨げになり，優良企

図13　持続的イノベーションと破壊的イノベーションの影響

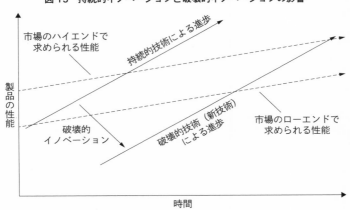

（出所）クリステンセン（2001），10頁を一部修正。

業は新規参入企業に対応できないとして，それを「（持続的）イノベーターのジレンマ」ととらえたのである。

　ここでクリステンセンのいうプロセスと価値基準がそれぞれ何を意味しているのかについて確認しておこう。まず，プロセスとは，資源を製品やサービスに変換するための，組織における相互作用や連携，コミュニケーション，意思決定などのパターンのことで，一般に組織プロセスあるいは組織ルーティンとよばれるものを指す。明確に規定され，文書化されたもので，従業員が意識的に従うという意味で公式のプロセスもあれば，いつの間にかでき上がった慣習的な手順や仕事のやり方という非公式のプロセスもある。これらのプロセスの効果が実証されることで，組織の人びとは納得し，次第にそうしたプロセスに無意識に従うことになる。

　一方，組織の価値基準とは，従業員が仕事の優先順位を決定する際に用いる判断基準のことだ。例えば，どの顧客を特に重視すればよいか，どのような新製品のアイデアが魅力的か，などを判断する際の基準を考えるとよい。優良経営を示す重要な指標のひとつは，一貫性のある明確な価値基準が組織全体に浸透しているかどうかであり，その意味で，価値基準は，コスト構造やビジネスシステムを反映したものでなければならない。価値基準は，企業が収益を上げるために社員がしたがわなければならないルールを規定することになるからだ。

　業界の優良企業が持続的イノベーションに成功するのは，学習を通じて，持続的イノベーションに必要とされる組織プロセス（改良した新技術の可能性を評価し，新しい持続的技術に対する顧客の需要を予測するプロセス）を開発し，それによって資源を組織能力に転化しているからにほかならない。また，主要顧客にすぐれた製品を販売すれば利益率が向上するため，持続的イノベーションへの投

資は，優良企業の価値基準にも合致することになる。

　ところが破壊的イノベーションに必要なプロセスは持続的イノ
ベーションに求められるものと全く異なるため，優良企業のプロ
セスでは破壊的イノベーションに対処することができない。さら
に，破壊的イノベーションによって生まれた製品はニーズが異なる
主要顧客には受け入れられないことから，優良企業の価値基準にも
合わない。もしかすると，持続的イノベーションと破壊的イノベー
ションのいずれにも取り組める資源（人材，資金，技術）を大手の
優良企業はもっているかもしれない。だが，優良企業のプロセスと
価値基準が，破壊的イノベーションの妨げになるのである。その意
味で，新興市場で成功を収めるための能力は，破壊的イノベーター
ともいうべき新規参入企業のほうがすぐれているといってよい。か
れらにはそうした市場で有効性を発揮するプロセスと価値基準が備
わっているからだ。

　よって，既存の組織能力は持続的イノベーションには有効だが，
破壊的イノベーションには硬直性を露呈し，有効性を失うというの
がクリステンセンの結論といえる。

　能力ベース論において重視される組織能力は資源ベース論の重視
する VRIN という４つの属性を併せ持つものと考えられ，その意
味で競争優位の源泉とみなしてよいだろう。しかし競争優位の持続
可能性という点では弱い。というのも，企業を取り巻く環境が大き
く変化すると，既存の組織能力では環境適応が難しくなってしまう
からだ。よって，競争優位を持続するには，変化した新たな環境に
適合するような，これまでとは異なる，新たな組織能力を構築しな
ければならない。それが，能力ベース論に対する共通の批判であ
り，能力ベース論の限界といえよう。

第5章

競争戦略論の新展開
──ダイナミック能力論と両利き戦略論──

　レオナード‐バートンとクリステンセンが指摘したような組織能力のリジディティ（硬直性）という問題に対して，ダイナミックな環境変化の中でも，絶え間なく，自社の組織能力を改良，拡大，再構築できる能力をもつところだけが，競争優位を持続させることができるととらえるのが，ダイナミック能力論と両利き戦略論である。いずれも，能力ベース論をさらにダイナミックに展開しようとする試みであり，競争優位の持続可能性の研究を大きく進展させたという意味で，21世紀における競争戦略論の新展開とよぶにふさわしい。まずはダイナミック能力論の検討から始めよう。

I　ダイナミック能力論

1　ダイナミック能力とは──組織ルーティンなのか，それとも新たな組織能力を創出する能力なのか

　では，ダイナミック能力（Dynamic Capability，以下DC）をどうとらえればよいだろうか。この問題を明らかにするため，まずはDCについての主な研究者たちの定義をみていくことにしよう。

　DCというコンセプトを最初に提示したのはティースほか（1997）であろう。そこでは，「急速に変化を続ける環境に対処すべく，社

内外の能力を統合・調整したり，組み替えていく企業能力」（ティースほか 1997）がダイナミック能力であるとの定義が示された。

　さらに，ヘルファートほか（2007）は，「自社の資源ベースを意図的に創造・拡大したり，資源ベースに変更を加える組織能力であり，買収やアライアンス，イノベーションを通じた新しい資源の獲得も DC に含まれる」としている。

　この 2 つの定義は，いずれも既存の組織能力とは異なる新たな組織能力を創出すること，それが DC だとみている点で共通しているといってよい。

　これとは異なり，DC とは，企業独自の組織ルーティン（あるいは組織プロセス）そのものであると捉える研究も存在する。その代表的なものとして 2 つを紹介しよう。ひとつは，ウインター（2003）の定義であり，かれに従えば，DC とは，「学習を通じて，決まってくる組織の集合的活動のパターン」であり，それは反復をベースに生まれるパターン化された組織プロセス（組織ルーティン）から成るという。

　もうひとつがアイゼンハート＝マーティン（2000）のそれだ。彼女たちは，DC を「諸資源を使って，市場の変化に合わせたり，変化をつくり出したりする企業のプロセス，または市場が生成し，競争が生まれ，成長し，死滅するのに対応して，企業が新しい資源構成を実現するための組織的で戦略的なルーティン」として，DC は組織ルーティンと同義だとみている。

　では，DC を正しく捉えているのはいずれの定義だろうか。本研究では，DC が組織能力を創出し続ける能力であること，そして競争優位の持続可能性を高め得ること，この 2 つの観点から，後者，すなわち DC を組織ルーティンないし組織プロセスだとする見方は誤った捉え方だと考えたい（中橋 2007，菊澤 2019）。というのも，

そのようにとらえてしまうと，すでに述べたように，組織能力を構成する資源と組織ルーティンのうち，組織ルーティンのリジディティ（硬直性）はきわめて高く，その変更が困難を極めることから，DC は競争優位の持続にとって意味をなさなくなってしまうからだ。実際，ウインターにせよ，アイゼンハート＝マーティンにせよ，この理由を根拠に，DC は持続的競争優位に寄与しえないとの立場にたっている。

　例えば，ウインターは「（競争優位に関して）DC というコンセプトの価値に懐疑的な戦略研究者は依然として少なくない」として，DC は競争優位の源泉にはならないとする否定論を貫いており，ゾロとの共同論文においても，DC が企業のパフォーマンスを高めるとはいえない（ゾロ＝ウインター 2002）と結論づけている。

　否定的立場をさらに強調するのがアイゼンハート＝マーティンだ。彼女たちは次のように主張する。「DC は競争優位の源泉にはならない。それは，ダイナミック能力には企業横断的な共通性ないしベスト・プラクティスが存在するからだ。競争優位の源泉は，DC そのものではなく，それを使って経営幹部が構築した資源構成にある。また，長期的な競争優位というのは，非常に変化の速い市場では非現実的であることが多い」（アイゼンハート＝マーティン 2000, 1117 頁）と。

　少し補足しておこう。アイゼンハート＝マーティンによれば，有効な組織プロセスは企業間で共通しており，例えば，製品開発プロセスにおいて職能横断型チームを活用しているのがそれに当たるとしている。したがって，組織プロセス（つまりアイゼンハート＝マーティンのいう DC）は競合他社との違いをつくり出せないし，そもそもダイナミックに変化する環境のもとでは競争優位を持続させるのは難しいというのがアイゼンハート＝マーティンの見解とい

える。その中で急激かつ急速な環境変化を根拠として，競争優位の
持続可能性に疑問を呈していることは傾聴に値する（この点は後で
取り上げたい）が，DC が競争優位の源泉にならないという指摘に
は賛同できかねる。そもそも，DC が競争優位の源泉にならないと
彼女たちが主張するのは，それを組織プロセスに限定して捉えるか
らであり，アイゼンハート＝マーティンが優位の源泉とみなす資源
構成も，DC の重要な部分なのである（中橋 2007）。

　したがって，否定論にはいずれも DC＝組織プロセスとして，
DC を狭く捉えてしまっているという共通の問題点があることがわ
かる。組織プロセスというのは特定の状況で効力を発揮するもの
で，柔軟性がないため，組織プロセスを DC とみるならば，それを
変えるのはきわめて難しいという結論に到達するのもある意味やむ
を得ない。ところが，繰り返し述べているように，DC を構成し
ているのはプロセスだけではなく，資源も DC の重要な構成要素な
のであり，それは多様な状況で利用可能といえる。それゆえ，「DC
をプロセス（組織ルーティン）と捉え，それを競争優位の源泉だ
とする研究は，分析範囲から DC の重要な要素である資源を排除
してしまっているという限界がある」（クリステンセン＝レイナー
2003）といわなければならない。

　以上の議論を踏まえ，本書では，DC を環境変化に適応すべく，
既存の組織能力とは異なる新たなそれを構築する企業としての能力
であり，それは持続的競争優位の源泉になり得るととらえたい。と
ころが，これまでの DC の定義は抽象的なものにとどまっていた。
それを持続的競争優位の源泉と位置づけるからには，やはり DC と
は何かについて具体的に示さなければならない。この問題に取り組
み，DC が 3 つの能力から構成されることを明らかにしたのは，や
はりこのコンセプトを最初に提示したティースであった。彼にした

がって，DC の中身（コンテンツ）についてみていくことにしよう。

2 ダイナミック能力の 3 要素

　ティース（2009）は 2009 年に発表した論文の中で，DC が社内
外の能力を創出・活用すること，そして変化を続ける企業環境に対
処することを目指した，企業の環境適応能力に関係するものである
としたうえで，それは，(1) 機会と脅威を感知する「センシング」
能力，(2) 機会をとらえ，それを事業化につなげる「サイジング」
能力，(3) 有形・無形資源の強化，結合，保護，組み換えを通じ
て，競争力を維持する「トランスフォーミング」能力，から構成さ
れることを明らかにした。DC の中身を具体的に示したという意味
で，このティースの論文は画期的なものであったと評価できる。

　ティースによれば，DC を構成する第 1 の能力は，外部環境の変
化によって生まれる機会や脅威を感知し，機会をつくり出したり，
脅威に対処したりする「センシング（感知）」とよばれる能力だ。
それは，いわゆる SWOT 分析における OT（機会と脅威）分析に
対応するものといえる。特に，機会の感知と創出にあたっては，環
境を精査（スキャニング）し，それをどのように解釈するか，そし
てそこから学習し，機会をつくり出すことが重要だということを
ティースは強調しながら，センシングにおける経営トップの企業家
的な役割を重視している。そこで注意しなければならないのが，い

図 14　ダイナミック能力

（出所）ティース（2009），49 頁を一部修正。

わゆる「成功の罠（サクセス・トラップ）」に陥らないということだ。成功してきた企業のトップほど，環境が変化しても，これまでの慣れ親しんだやり方に固執しがちになるとされる（オライリー＝タッシュマン 2016）。ひとたび成功すると，経営トップはこの成功体験を学習（ラーニング）し，「自分たちのやっていることは正しい」との確信を持ち，そこから抜け出せなくなってしまう。それが成功の罠に他ならない。古い話で恐縮だが，T 型フォードの大成功により，顧客のニーズが価格のみでなくなったにもかかわらず，低コスト戦略に固執して，環境変化に適応できなかった米国の自動車メーカー，フォード社の事例を思い浮かべるとわかりやすいかもしれない。このように，過去の成功体験が災いし，センシングがうまく行えないというのは決して珍しいことではない。求められるは，過去の成功体験の棄却（アンラーニング）なのだ。

　さらに言えば，センシングの阻害要因になるもうひとつのトラップがある。それが「コンピテンシー・トラップ（competency trap）」だ。それは，企業からすると，どうしてもこれまで自社に競争優位をもたらしてくれた既存の組織能力をベースにした既存事業の活用

図 15　コンピテンシー・トラップ

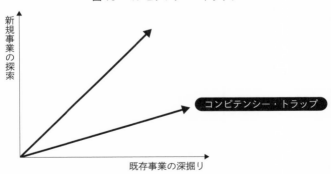

（出所）入山（2019），233 頁を一部修正。

に向かいがちになるという罠を意味している。つまり，センシングの意図する新規事業の探索はコストがかかる割に，成果を得られるかどうかは言うまでもなく不確かだ。一方で既存事業には当然ながら精通している。だから，既存事業の深掘りは，新規事業の探索に比べると，圧倒的に確実性が高く，コストも少なくて済む。その結果，どうしても既存事業の深掘りに注力しがちになるというわけだ。こうした動きは，短期的に見れば問題がないのかもしれない。しかし中長期的にはきわめて危険な企業行動と言わざるを得ない。新規事業の探索は自社の未来を支えてくれるものだからだ。これら2つの罠に陥ってしまうとセンシングそのものの意味が失われかねない。以上を踏まえ，DC としてのセンシングでは，新規事業の探索の重要性をしっかり認識したうえで，ゼロベースで環境変化に向き合うことが強く求められよう。

　続いて，センシングによって発見された機会を活用すべく，機会発見の努力の中で得られた情報をもとに新規事業の構想を練らねばならない。これが「サイジング（事業機会の捕捉）」という DC の2つめの能力であり，要するに，新たな事業化に取り組む能力のことをいう。そこで登場するのがビジネスモデルだ。ティースは，ビジネスの成功がビジネスモデルの構築を通じたイノベーションにかかっており，ビジネスモデルは顧客が何を求めているのか，自社はそうした顧客ニーズにどうすれば最もうまく応えられるか，それらを実行することでいかにして利益を実現するか，について経営者の立てた仮説を反映したものだとしている（ティース 2009）。よって，サイジングの具体的な中身は，経営者がビジネスモデルを構築し，それをもとにイノベーション，つまり新たな事業を成立させることといってよい。中橋（2008a）によれば，ビジネスモデルは，どんな標的顧客に対して，いかなる顧客価値を提供して，かれらの

支持を得るか，そうした顧客価値をどのようなビジネスシステムを通じて創造するか，さらにどのような仕組みで自社の利益を確保するかを明確にするものでなければならない。その意味で，ビジネスモデルはいわゆる「事業の定義」に対応するものといえる。したがって，サイジングというのは，新規事業のビジネスモデルを構築すること，あるいは新規事業の定義を明らかにすること，それが事業機会を捉えるというサイジングのコアを成すものとみるべきであろう。

　サイジングによって構築されたビジネスモデルが実行に移され，実際に利益を生むことで初めて意味をもつというのは言うまでもない。さもなければ，それはしょせん絵に描いた餅でしかない。ビジネスモデルを実現するには，既存の組織能力を変革する必要がある。それを行うのが「トランスフォーミング（変革）」とよばれる能力で，それが DC の3つ目の能力だ。すでに述べたように，既存事業に有効な組織能力と新規事業に求められる組織能力はまったく違う。とすれば，新規事業を成功につなげるには，これまでとは異なる新しい組織能力を構築しなければならない。すなわち，組織能力を構成する資源の開発，入手，再編，そして組織ルーティンの変革に取り組む必要があるのだ。ところが組織能力の変革は困難をきわめる。何度もいうように，組織ルーティンの変革が難しいからだ。この問題にどう対処すればよいだろうか。これについては，次節の組織能力のリジディティへの対応のところで取り上げることにするが，ティースはこのように DC が3つの能力から構成されることを明らかにし，これらの能力を発揮することで，企業はダイナミックに変化する環境にも適応でき，競争優位を持続させることが可能になるとみているのである。

3　新たな組織能力の構築——組織能力のリジディティへの対応

　これまでのディスカッションを踏まえ，本書では，DC を組織プロセスや組織ルーティンではなく，環境に適応するためにこれまでとは異なる新たな組織能力を構築する能力ととらえ，DC によって企業の経時的な環境適応が可能になると考えたい。昨今の企業を取り巻く環境変化の激しさを考えると，DC は企業の競争優位の持続可能性を高めるといってよさそうだ。しかし DC の実現のためには乗り越えなくてはならないハードルが存在する。それが組織能力のリジディティへの対応だ。これについて，リジディティは乗り越え得るし，DC は実現可能だとする研究者が存在している。そのような主張を行う代表的研究者の中に，組織能力にはリジディティが存在することを明らかにしたレオナード – バートンとクリステンセンが含まれているのは実に興味深い。

　まず，レオナード – バートン (1995) は，①定期的にビジネスシステムを見直し，それをゼロベース基準で再構築することは経営幹部がはたすべき重要な役割であること，②企業の中にはリジディティを打破して，古いコア・ケイパビリティから新しいコア・ケイパビリティへの転換に成功したところがあること，の2点を強調する。このように，コア・リジディティを避け，新しいコア・ケイパビリティの創出を促すことは可能であるというのが彼女の結論である。レオナード – バートンがいうビジネスシステムを再構築したり，新しいコア・ケイパビリティを創出する能力とは，まさに DC そのものといってよい。

　「生き残っているのは，一度だけでなく，何度か自社の組織能力を変えて，企業全体を刷新することができたところ」（レオナード – バートン 1995, 259–260 頁），すなわち DC を発揮できたところだとして，彼女は，そうした企業にみられる経営幹部の共通点とし

て，知識に対する熱意，知識に前向きであり続けるという思いをもつこと，社内スキルを統合して，挑戦するだけでなく，そこから学ぶという態度をもち，また実際にハイレベルの学習ができること，などを挙げている。つまり，好奇心に満ちて，新たな知識を探求するリーダー，イノベーションに関する最新かつ最良の知識を有するだけでなく，社員の創造性を刺激したり，技術を移転する能力に長けたリーダー，社内に存在する複数のスキルを緊密に結びつけ，それを注意深くマネジメントする能力を持つリーダー，一歩後退しては二歩進んでいくという失敗しながら進んでいけるリーダー，既存顧客への対応に追われ，市場の変化という自社にとって重大な兆候を見落としてしまうことがないよう高いレベルの学習能力を備え，苦痛を伴う方向転換にも取り組めるリーダーである。こうしたリーダーの存在がダイナミック能力を実現しうるというのだ。これは競争戦略論の新展開のもうひとつの重要なアイデアである両利き戦略論における両利きのリーダーの議論に相通じるもので，注目に値する（両利き戦略論については後述する）。いずれにせよ，レオナード - バートンはリーダーシップの役割を重視しつつ，DC により組織能力を創出し続けることのできる企業の競争優位の持続可能性は高まるとみるのである。

　DC が企業の経時的な環境適応能力に寄与するという主張は，レオナード - バートンにとどまらない。それ以外にも，雨宮（2013）は，アップルの共同設立者の一人で，イノベーターとしてあまりにも有名な同社の元 CEO スティーブ・ジョブズを例にとり，かれはイノベーターのジレンマに陥ることなく，新市場型破壊製品（iPod，iPhone，iPad）を市場に投入し続けることに成功しており，また破壊的イノベーションを推し進めるために，バリューチェーンを統合化戦略にシフトし，独自のバリューネットワークを構築すること

で，選りすぐりのサプライヤーを取り込むことに成功したと指摘しているし，ロバートソンとカルダールの研究（2009）もそうした主張を支持している。

　ただし，レオナード‐バートンをはじめ，これらの議論では，どうすれば，組織能力のリジディティに対応し，新たな組織能力を構築することができるのかについて具体的に述べられていない。そこまで踏み込んだDC論を展開しているのがクリステンセン（2000）だ。

　クリステンセン（2000）は自らが指摘した（持続的）イノベーターの直面するジレンマは解決可能だとして，実績ある優良企業でも，持続的イノベーション，そして破壊的イノベーションというまったく異なるそれぞれのイノベーションを支援する環境をつくり出すことができるとしている。破壊的イノベーションを実現するには，これまでとは異なるビジネスモデルを構築するだけでなく，それをうまく実行するための新たな組織能力の構築も同時に求められる。よって，破壊的イノベーションを可能にする能力はDCととらえうる（中橋 2008b）ことから，クリステンセンが企業の持続的競争優位の源泉としてDCの重要性を認識しているのは間違いない。

　ではDCによって，変化のスピードの速い環境に適応しているところは，どのようにして，組織能力のリジディティに対応しているのだろうか。組織能力のリジディティを打破し，社内外の能力を統合・調整し，新たな組織能力を創出していくというDCについてみていくには，すでに紹介したクリステンセンの組織能力についての捉え方，すなわち「資源‐プロセス‐価値基準」の枠組が有用だと思われる。

　クリステンセン（2000）によれば，企業が破壊的イノベーションを実現するには，3つの選択肢があるという。それが，①適切なプ

ロセスと価値基準を持つ別組織の買収，②現在の組織プロセスと価値基準の変更，③独立した別組織の新設である。しかし，組織能力を構成する資源－プロセス－価値基準のうち，資源には柔軟性があり，さまざまな状況で利用できるが，プロセスと価値基準というのは，同じことを同じように繰り返すために存在するものであり，柔軟性がない。よって，②のプロセスと価値基準の変更は現実的ではないというのが彼の主張のポイントといえる。

　したがって，買収による社外の能力の活用と，既存の組織から独立した事業開発部門の新設による社内の能力の活用が破壊的イノベーションに向けた2つの選択肢ということになる。

(1)　社外の能力の活用（買収による破壊的イノベーションの実現）

　クリステンセンは買収による社外の能力活用について，買収した企業のプロセスや価値基準が成功をもたらすカギになるのであれば，買収する側の経営幹部は，その企業を組織的に統合すべきではないことを強調する。統合してしまうと，被買収企業の経営陣は，買収企業の仕事のやり方を踏襲しなければならず，被買収企業のプロセスや価値基準の多くが失われるからである。それだとかれらの能力を十分に活用することができなくなってしまうため，こうしたケースでは，被買収企業の独立性を保つことを中心に考え，買収企業は被買収企業のプロセスと価値基準へ資源を投入する戦略をとるべきであろう。

　クリステンセン＝レイナー（2003）は，独ダイムラー・ベンツによる米クライスラー買収の失敗も「資源－プロセス－価値基準」の枠組で説明できるとしている。かれらによれば，革新的な製品を迅速に生み出す設計プロセスとダイムラーの半分以下の人件費で製品

の設計・製造を行えるようなコスト構造を重視する価値基準こそが
クライスラーの強みであり，同社の資源そのものには独自性がほと
んどみられなかったという。この場合に求められるのは，クライス
ラーの独立性を保ちつつ，そのプロセスと価値基準にダイムラーの
資源を投入することであった。にもかかわらず，コスト削減を求め
るステークホルダーからの圧力に屈して，ダイムラーは強引に組織
的統合を図ったため，同社にメリットをもたらすはずであったクラ
イスラーの主要なプロセスと価値基準の多くが失われ，買収は失敗
に終わってしまったそうだ。

　しかし買収の主な理由が資源にある場合，話はまったく違ってく
る。この場合，統合することには大いに意味がある。それは，獲得
した人材，製品，技術，顧客を自社のプロセスに取り込むことで，
既存の組織能力の拡充が可能になることによる。この成功例として
クリステンセン＝レイナーが取り上げているのが，インターネット
関連事業で最も成功している会社のひとつ，シスコシステムズ（以
下，シスコ）である。シスコの企業買収はほとんど成功している
が，それは同社が「資源－プロセス－価値基準」の枠組をきちんと
ふまえているからだとクリステンセン＝レイナーは主張する。つま
り，シスコが買収先として選んだところは資源（エンジニア）を強
みとするような，若い企業であったそうだ。よって，シスコは組織
的統合をすすめた。シスコには，資源を自社のプロセスやシステム
に取り込むためのプロセスが用意されており，その結果，買収先の
エンジニアはシスコでもモチベーションを損なうことなく，仕事に
取り組め，シスコは能力の活用に成功することができたのである。

⑵　社内の能力の活用（新設した事業開発部門の隔離による破壊
　　的イノベーションの実現）

　事業開発部門を新設し，それを既存の組織から隔離して，新しい
組織能力の構築に取り組むのも有効な方法だとクリステンセンはい
う。当該企業の価値基準が破壊的イノベーションに資源を振り向け
る妨げになる場合，すでに述べたようにプロセスや価値基準そのも
のを変えることはきわめて困難であるため，独立組織がどうしても
必要になるというのが，その理由である。一定の成功をおさめた大
企業の場合，そのプロセスや価値基準からして，小さな新興市場で
強力な地位を築くという目的のために資金や人材を配分することは
期待できない。また，上位市場での競争に適したコスト構造を持つ
企業にとって，コスト構造が大きく異なる下位市場で利益をあげる
ことは至難の業といえる。要するに，破壊的イノベーションを実現
するには，これまでとは異なるプロセスと価値基準をもつ独立型の
組織が欠かせないとみるのである（クリステンセン 2000）。

　またこれに関連して，クリステンセンは組織能力の要素間の相対
的重要度が事業の発展段階によって変化するという重要な指摘を
行っている。新規事業に着手したばかりの段階では，資源（特に人
材）に依存する部分が大きい。その後，組織能力の中心はプロセス
や価値基準へと移っていく。したがって，破壊的イノベーションを
実施する事業については，既存事業のプロセスや価値基準から隔
離して，有能な人材にそれを任せるならば，優良企業でもそれに成
功する可能性があるとみるのである（クリステンセン 2000；中橋
2007）。それからすれば，実績ある優良企業が破壊的イノベーショ
ンでも成功するには，持続的イノベーションについては主流組織で
商品化し，破壊的イノベーションは自律的な組織（新設した事業開
発部門）における有能な人材に任せる必要があろう。

　グラント（2002）もクリステンセンと同様の主張を行っている。彼は，既存の組織能力を支えている組織構造や管理システム，それに組織文化は新しい組織能力構築の阻害要因になることが多いため，本社から地理的に離れた場所で新たな組織単位を作り，そこで新しい能力を構築した方がよいと提案している。そのうえで，新しく生まれた能力をやみくもに本社に統合すべきではないと注意を促している。実際，サテライト・ユニットの活用を通じて，新しい組織能力の構築に取り組むという事例は決して少なくない。

　グラントが取り上げた事例では，IBM が新しい組織単位で PC の開発に成功したが，その組織はニューヨークの IBM 本社から千マイルも離れたフロリダに位置していたという。IBM の本社から離れて開発を行ったことで，チームは IBM のメインフレーム事業とは根本的に異なる製品設計が行え，また有効なビジネスシステムを構築することも可能になったという。この例からわかるように，本社から切り離された組織単位が新しい能力の構築によって成果をあげるのは，その柔軟性と自律性をきちんと維持できているからであろう。無理に統合しないことが功を奏しているのである。これは，クリステンセンが買収による社外の能力の活用の部分で述べた，プロセスや価値基準の統合は避けるべきだとの指摘と軌を一にしており，新たな組織能力の構築にあたってつねに念頭に入れておかねばならない大切なポイントといえよう。

　以上，クリステンセンの主張をもとに，組織能力のリジディティにどのように対応すれば，企業はそれを乗り越え，新たな組織能力を構築できるのかという問題についてみてきた。クリステンセンは，組織能力を構成する要素の中で，既存のプロセスと価値基準が破壊的イノベーションを実現するための組織能力構築の妨げになること，そしてプロセスと価値基準の変更は困難を極めることから，

新たな組織能力の構築に向けては，独立組織を設置し，そこで破壊的イノベーションに求められる新たなプロセスと価値基準を構築しなければならないとして，破壊的イノベーションに向けた2つの選択肢のうち，既存の組織から独立した事業開発部門の新設を特に重視している。このように，クリステンセンの議論では本社のプロセス・価値基準の影響を受けないよう破壊的イノベーションを追求する事業部門の本社からの切り離しが核になっていることがわかる。そう考えると，彼のダイナミック能力論は「隔離論」とよぶのが適切であろう。しかしこの隔離論についても，いくつかの問題が提示されている。そこで，続いて，この隔離論の問題点とは何か，それはいかにすれば克服できるのか，これらについて検討してみたい。

4　クリステンセンのダイナミック能力論（隔離論）批判

　クリステンセン（2000）のイノベーターのジレンマ論のポイントは，持続的イノベーターが破壊的イノベーションに対応できないのは，持続的イノベーションを実現するのに有効な組織能力を構築しているものの，それは破壊的イノベーションに求められる組織能力とはまったく違っていること，そして組織能力が資源，プロセス，価値基準の3つから構成されること，そのうちプロセスと価値基準，すなわち組織ルーティンが破壊的イノベーションのための組織能力構築（DC）の妨げになると捉えること，この3つである。

　しかし既存のイノベーターがすべてジレンマに陥り，破壊的イノベーションを実行できないというわけではない。これがクリステンセンの議論のもうひとつの重要な部分であった。クリステンセンは，組織能力の3つの構成要素のうち，プロセスと価値基準は，同じことを同じように繰り返すために存在するものであり，柔軟性がないことから，これらの変更は現実的ではないとする。しかし資源

はそうではない。資源には柔軟性があり，さまざまな状況で利用できることから，その点に着目すれば既存のイノベーターであっても，破壊的イノベーションの実現は可能というわけだ。

　具体的には，上述したように，事業部門を新設し，これを既存の組織プロセスや価値基準の影響を受けないよう，現在の組織から隔離したうえで，破壊的イノベーションを追求させれば，DC を実現できるというのがかれのアイデアである。それは，新設した事業開発部門の隔離による破壊的イノベーションの実現ということであるが，それについてもう少しみることにしよう。

　既存のイノベーターの価値基準が破壊的イノベーションに資源を振り向ける妨げになる場合，すでに述べたように価値基準そのものを変えることはきわめて困難であるため，新設した事業部門を既存のイノベーターの組織から切り離すことがどうしても必要になるというのが，クリステンセンの主張のベースとなっている。彼が破壊的イノベーションを実現するには，これまでとは異なる価値基準をもつ独立型の組織が欠かせないという隔離論にたつのはそうした理由による。

　この隔離論については，批判的な意見もいくつか提示されている。まずひとつに，それだと既存組織の資源の活用が十分できないのではないかという指摘がある。既存の組織から隔離して事業部門を新設することは，逆に言えば既存の組織のもつ有形・無形の資源を活用できないことにもつながりかねない。隔離論にしたがえば，既存の組織からのマイナスの影響を避けようとするあまり，既存の組織部門と新設した組織部門の間のシナジーが失われるかもしれない（堀江 2007）。

　もうひとつが破壊的イノベーションを自由に追求させることによって生まれる弊害について十分考えられていないという批判であ

る。既存組織から隔離して，破壊的な新製品の開発を目指そうとすると，自律性と創造性を重視しすぎるあまり，逆に実用性に乏しく，成果につながらないアイデアが無作為に量産されるという危険がどうしても付きまとう。にもかかわらず，隔離論ではこの点があまり議論されていない。

　以上の批判をふまえると，クリステンセンが主張する隔離するという打ち手は，広く用いられる一方で，万能の策ではないといえるかもしれない（琴坂 2014）。

　これらの批判に応えるべく登場し，注目されつつあるのがオライリー＝タッシュマン（2004）とタッシュマンたち（2011）の両利き戦略論である。かれらも，破壊的イノベーションを追求する組織単位は，既存の組織とはクリステンセンのいうプロセスと価値基準については一線を画さなくてはならない，すなわち既存組織とは異なる組織ルーティンを許容するという「分化」が欠かせないとみている。しかし，資源の活用，成果の実現という観点から，破壊的イノベーションにつながる組織ルーティンの独自性を重視するだけでなく，組織の上層部での「統合」という役割にも注目する。この分化と統合を同時に実現することで，既存組織内で持続的イノベーションのみならず，破壊的イノベーションも同時に可能になるという。すなわち右（持続的イノベーション）も左（破壊的イノベーション）も利き腕のようにうまく使える「両利き」になることができるという興味深い主張をかれらは展開している。クリステンセンの隔離論の課題克服を志向した両利き戦略論について以下で述べることにしよう。

Ⅱ　両利き戦略論

1　両利き戦略とは

　上で指摘したクリステンセンのダイナミック能力論（隔離論）の問題を解決すべく登場してきたのが，同一組織の中であっても，新規事業部門には当該事業の遂行に必要な独自の組織ルーティンの構築を許容し，しかも既存事業部門のもつ資源も活用できるよう経営の上層部が調整を行えば，新規事業は成果をあげられ，既存事業との両立が図られるのではないかという考え方だ。既存事業と新規事業のそれぞれが独自の組織ルーティンのもとで事業遂行にあたり，各部門が協力し合えるような関係を構築できれば切り離す必要はないというわけだ。それは，新規事業部門を成長させるために，既存事業部門のもつ強みやリソースを活かすと同時に，既存事業部門をさらに発展させるべく新規事業で学んだことも活かそうという方向であり，「両利き」とよばれる。すなわち，利き腕のように右（既存事業の深掘り）も左（新規事業の探索）も使える（両立させることができる）という意味だ（入山 2012）。

　両利き戦略についての理解をさらに深めるために，クリステンセンのイノベーターのジレンマ論に再度注目しよう。クリステンセンにしたがえば，優良企業が競争優位を手にすることができるのは，その組織能力により自社のターゲットである市場の主要顧客が評価する製品の性能基準を向上させる持続的イノベーションを実現したからだ。この種のイノベーションはいわば組織の有する既存の知識を活用したものとみることができ，マーチ（1991）の言葉を使えば「知の活用（exploitation）」に当たる。

　しかし既存の知識を活用した持続的イノベーションのみでは，競

争優位を維持することはできない。なぜなら破壊的イノベーターが現れるからだ。かれらは市場の主要顧客が求める指標では弱いが，それとは異なる指標について別の顧客層から高く評価される新製品を生み出してくる。すなわち「破壊的イノベーション（disruptive innovation）」を推進するのである。それは，これまでとは異なる新たな知識を探求してきた成果であり，「知の探索（exploration）」と言い換えることができよう。

　両利き戦略とは，クリステンセンでいえば持続的イノベーションと破壊的イノベーション，そしてマーチの言葉を借りれば知の活用と知の探索を同時に追求し，競争優位の持続可能性を高めようという戦略をいう。これら2つのタイプのイノベーション，そして知の活用戦略と探索戦略とでは，必要な組織ルーティンが全く違う。よって，両利き戦略の実現には，この相反する戦略を追求する事業部門がそれぞれの戦略に適合した組織ルーティンを構築することがまず求められる。しかし部門ごとに組織ルーティンを形成するだけでは不十分と言わざるを得ない。両部門が互いに協力し合えるよう企業の上層部で統合を図ることも欠かせない。

　そこから明らかなように，両利き戦略論のベースになっているのはローレンス＝ローシュ（1967）の分化・統合論である。かれらは，不確実な環境に有効に適応している組織は部門ごとにそれぞれのタスクに適した構造や思考様式を生み出す（分化）と同時に，その分化の程度に対応した高度の統合メカニズムを生み出していることを発見している。その意味で，破壊的イノベーションを目指す新規事業部門には「知の探索」を，持続的イノベーションを追求する既存事業部門には「知の活用」をそれぞれ好きなようにやらせて（分化），両部門が互いに知見や資源を活用し合えるよう組織のトップレベル（経営の上層部）で統合を図るという両利き戦略論のアイ

デアは分化・統合論と位置づけることができるし，クリステンセン
のダイナミック能力論の問題点を克服しようとする試みといえよう
（與那原 2015）。

　この「両利き」（Ambidexterity）というコンセプトを最初に提
示したのがオライリー＝タッシュマン（2004, 2008, 2016）である。
以下では，かれらの主張に基づいて両利き戦略の可能性，この戦略
の成功要件，成功事例についてみていく。

2　オライリー＝タッシュマンの両利き戦略論

　まず，オライリー＝タッシュマン（2004）は，成功企業であって
も，既存製品を改良していく「漸進的イノベーション（incremental
innovation）」は得意としているものの，これまでのものと全く異
なるような画期的な製品・サービスの開発を意味する「非連続的
イノベーション（discontinuous innovation）」に取り組むとつまず
くことが多いという事実に注目する（なお，これら2つのイノベー
ションは，それぞれクリステンセンの主張するイノベーションの
タイプに対応していると考えられるため，ここでは，漸進的イノベー
ションを持続的イノベーションと，そして非連続的イノベーション
を破壊的イノベーションとよぶことにする）。

　オライリー＝タッシュマンによれば，それは破壊的イノベーショ
ン，すなわち知の探索の実現に適した組織が構築できていないから
である。では新たな知の探索のためにはどのような組織がふさわし
いのだろうか。かれらはこの問題を解明すべく，破壊的イノベー
ションに取り組んだ事業部門を対象に，いかなる組織を採用したか
についてリサーチを実施した。すると，調査対象になった35の部
門は4タイプの組織のいずれかを採用していたという（図16）。

　まず7つの事業部門が「職能別組織（functional designs）」のも

図 16　破壊的イノベーションを実現するための組織編成

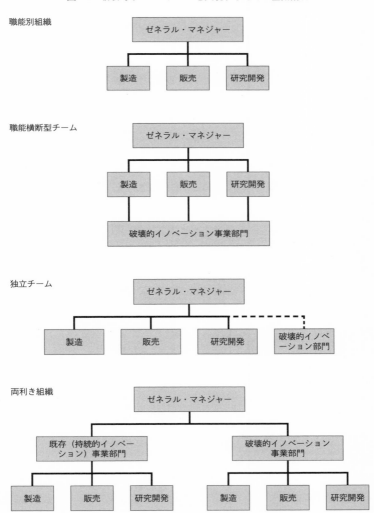

職能別組織

職能横断型チーム

独立チーム

両利き組織

（出所）オライリー＝タッシュマン（2004），80 頁を一部修正。

とで，破壊的イノベーション・プロジェクトに取り組んでおり，同プロジェクトは既存の組織体制と従来の指揮命令系統に完全に組み込まれていた。

　第2のタイプの「職能横断型チーム（cross-functional teams）」を編成したのは9つあり，チームは既存の組織の中で活動していたが，これまでの指揮命令系統の外に置かれた。

　また4つの部門は「独立チーム（unsupported teams）」というタイプの組織を採用していた。そこでは従来の組織階層と指揮命令系統から完全に独立した部門が設置されており，クリステンセンの隔離論は組織タイプとして，この独立チームを支持しているとみることができる。

　そしてオライリー＝タッシュマンがその有効性を強調する「両利き組織（ambidextrous organizations）」によって破壊的プロジェクトを追求したところは15あった。この組織の最大の特徴は，破壊的イノベーションに向けた取り組みは組織上独立して部門化され，持続的イノベーション部門と破壊的イノベーション部門はそれぞれ独自の管理プロセス，組織構造，組織カルチャー（文化）をもちながらも，経営の上層部でしっかりと統合されているところにある。このタイプの組織が両利きとよばれるのは，知の活用部門も知の探索部門も両方ともうまく機能しているからにほかならない。すなわち，既存の知識の活用と新たな知識の探索を両立させ，持続的イノベーションと破壊的イノベーションを同時に実現できるから両利き組織なのである。

　オライリー＝タッシュマンは，リサーチの結果，両利き組織が他の3タイプの組織にくらべ，大きな成功を収めていたことを明らかにした。具体的に言えば，職能横断型チームと独立チームでは破壊的イノベーションを全く生み出すことができず，職能別組織にわず

かな成功例がみられるだけであった。これが両利き組織の場合，何と9割以上が破壊的プロジェクトに成功していたという。

　この結果をもとに，両利き組織の有効性をいっそう説得力のあるものにしようと，オライリー＝タッシュマンは次のような興味深いリサーチも実施している。それは破壊的プロジェクトの途中で組織を変更した場合の成果についての調査である。それによると，当初は職能別組織，職能横断型チーム，独立チームで破壊的イノベーションに取り組んだが，その後で両利き組織にシフトした8社のうち，7社でプロジェクトのパフォーマンスが大幅に上昇したそうだ。反対に，両利き組織でスタートしながら，後で別の組織に変更した3社中2社のパフォーマンスが著しく低下したという。これらは，両利き組織の有効性を裏付ける結果となっている。

　またオライリー＝タッシュマンは，両利き組織の採用が持続的イノベーションを追求する既存の事業部門にあたえた影響についてもリサーチを実施している。すると，両利き組織を採用したほぼすべてのケースで，既存事業は一定の成果をあげ，競合と比べたパフォーマンスは上昇と安定のいずれかであったという。対照的に，職能別組織，職能横断型チーム，独立チームを採用した場合の既存事業の成果は低下したところがほとんどであった。

　両利き組織はなぜ他のタイプの組織よりも成果をあげられるのだろうか。オライリー＝タッシュマンはその理由を以下の2つに整理している。

　まず第1に，両利き組織では，持続的イノベーションを追求する既存部門と破壊的イノベーションに取り組む事業部門が分離されていることから，新設の事業部門は既存部門からのマイナスの影響を回避できることである。つまり，新設部門は独自の管理プロセスや組織文化を構築しており，既存事業部門の前例主義という圧力に屈

することはない。同時に既存部門も破壊的プロジェクトにも取り組まなければならないというプレッシャーから解放され，注意とエネルギーのすべてを持続的イノベーションに集中させることができる。

そしてより重要なのは，既存事業部門と新設事業部門が経営の上層部で統合されることである。そうした調整により，破壊的イノベーションを目指す新設事業部門は資金，人材，専門知識などの資源を既存の事業部門と共有することができる。また上層部は，各部門が暴走しないようコントロールを行う。それぞれの事業部門に任せっきりにせず，必要に応じて介入していくのである。

これは先に指摘した既存組織のもつ資源活用の難しさ，さらには成果につながらないアイデアの量産という隔離論のもつ問題の克服につながるものといえよう。両利き組織の構築により，両部門は

表4 知の活用事業と知の探索事業の比較

	知の活用事業	知の探索事業
戦略	コスト，利益	革新，成長
重要課題	オペレーション，効率，持続的イノベーション	適応能力，新製品，破壊的イノベーション
行動特性	オペレーション能力	企業家的能力
組織構造	フォーマル，機械的	適応的，緩やか（ルース）
統制，報酬	マージン，生産性	マイルストーン，成長
文化（カルチャー）	効率，低リスク，クオリティ，顧客ニーズの重視	リスクを恐れない，スピード，柔軟性，実験の重視
リーダーシップの役割	権威型，トップダウン型	ビジョナリー，参加型

両利きのリーダーシップ
ビジョンと価値観の共有化，評価の工夫による統合を通じて，
2つの事業の相反する適合条件が両立できるようになる。

（出所）オライリー＝タッシュマン（2004），80頁を一部修正。

win-win の関係になるというわけだ。

　オライリー＝タッシュマンの議論を整理する意味で，既存の知識を活用し，持続的イノベーションの実現を目指す事業部門と新しい知識の探索を通じて破壊的イノベーションを実現しようとする新設部門に要請される戦略，組織，プロセスを比較し，両部門の相反するニーズを両立させるために必要な本社のリーダーシップの役割を整理しておこう（表4）。知の活用部門と知の探索部門では，分化が必要であるし，同時に統合も求められるのである。表4はそのことを明示しているといえる。

3　両利き戦略を成功に導くための必要条件

　両利き戦略を成功に導くには，何が必要なのだろうか。オライリー＝タッシュマンは事例分析を通じて，成功の必要条件を抽出している。それは以下の4つだ。

(1)　明確な戦略意図の提示

　オライリー＝タッシュマンによれば，もっとも重要な必要条件は，両利きを進めるという明確で，説得力のある戦略意図があることだ。両利きは難しい。特に知の探索は実を結ばない可能性が高いことから，どうしても知の活用に偏ってしまいがちになるという，コンピテンシー・トラップに陥りがちだ。両利きを進めることを正当化でき，組織のメンバーを納得させられるような，戦略意図を経営トップが提起できなければ，知の探索の取り組みは損なわれ，両利き戦略は破綻してしまう。

　では，どのような戦略意図が両利き戦略の成功に寄与しえたのだろうか。言うまでもなく，それは両利きの追求を正当化できるものでなければならない。これについて，オライリー＝タッシュマンが

紙媒体の新聞事業（知の活用事業）とオンラインニュース・サービス事業（知の探索事業）の両立という両利き戦略の成功事例として紹介している USA トゥデイの経営トップが提示した戦略意図に注目してみよう。それは，「ネットワーク戦略の追求」というものであった。若者を中心に活字離れが進んだ結果，同社のコア事業である紙媒体の新聞の購読者数が減少する一方で，テレビやインターネット・メディアでニュースを見る機会は大幅に増えている。そうした中で，ネットワーク戦略という戦略意図は提示されたのであり，それを通じて USA トゥデイのトップは，新聞，テレビ，オンラインで配信するコンテンツ制作にフォーカスすることを明示したのである。それにより，新聞事業部門とオンラインニュース・サービス事業部門のメンバー全員が USA トゥデイという組織の一員として協力し合うべきだとする正当な理由が示されることになったという。

　このような戦略意図を提示したうえで，なぜ両利き戦略を推進する必要があるかについての根拠を示すと，組織メンバーに対して納得してもらえるとうのがオライリー＝タッシュマンの考え方だ。そのためのひとつのやり方として，かれらは，自社にとっての戦略的重要性と既存のコア事業の資産（販売チャネル，製造能力，共通の技術プラットフォーム（顧客課題の解決のために準備された技術群），ブランドなど）を新規事業に活用できるかどうかという観点で選択肢（オプション）を提示したうえで，両利きを進める必要性について訴えるべきだとしている。

　図17をご覧いただきたい。そこには，新規事業の戦略的重要度の高低，そして既存事業の保有する資源を新規事業に活用できる可能性の高低によって，4つの選択肢が識別されている。この中でI（戦略的にそれほど重要でなく，既存事業の資源もうまく活用で

図 17　戦略的重要度と資源活用に基づく両利きの必要性

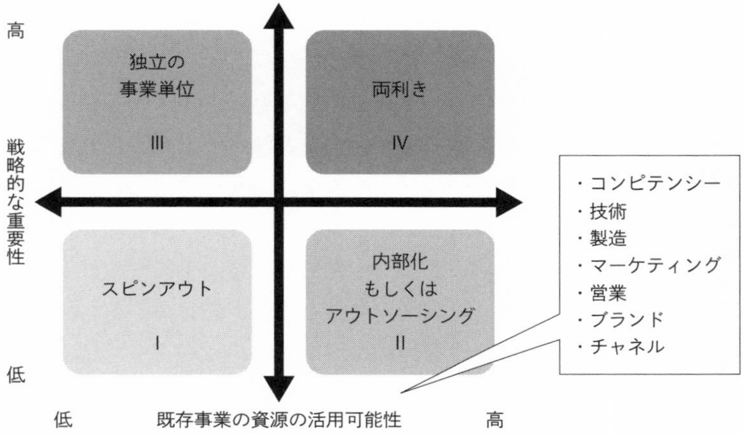

（出所）オライリー＝タッシュマン（2016），176 頁を一部修正。

きない場合）はスピンアウト，Ⅱ（資源は活用可能だが，戦略的に重要ではないケース）については内部化（既存の事業単位で取り組む）もしくはアウトソーシング，そしてⅢ（戦略的に重要だが，資源の活用可能性が低い場合）は独立の事業単位を新設し，そこで新規事業に取り組むことがそれぞれ望ましいとされる。よって，戦略的に重要で，かつコア事業の資源も活用できるⅣの場合に，両利き戦略の追求が推奨されることになる。この場合，知の探索を目指す新規事業をスピンアウトでもするようなことになると，当該企業はまさに未来を犠牲にすることになってしまいかねず，少なくとも利用可能な資源を使わないという非効率性も回避できるからだ。

　このように，経営トップは両利きに向かうという戦略意図を提示し，また両利きの戦略的重要度と既存事業の資源活用を根拠として，なぜ両利きなのかというその必要性を主張するとよい。そうすれば組織メンバーから納得してもらえるだろうし，両利きの実現に

向けての協力も得られるはずだ。

(2) 経営陣の関与と支援

　両利き戦略がうまくいくかどうかのカギを握る第2の条件は，両利きの実現に向けた経営陣の積極的関与とサポートが得られることだ。それがなければ，知の探索型の事業は，知の活用を志向する既存事業から事業展開の脅威となる邪魔者扱いされ，協力が得られることはないだろう。当然ながら，安定した資金が手当てされなければ，知の探索という取り組みは先に進まない。経営陣が積極的に支援しなければ，知の探索事業は知の活用事業のリーダーたちに潰されてしまうとオライリー＝タッシュマンは警告する。ただここで注意しなければならないのは，知の探索事業のみを重視せよというわけではないことだ。それだけではなく，知の活用事業も同じように重要だという経営陣の合意形成は欠かせない。そうしたコンセンサスなくしては，情報交換が進まないばかりか，無用な意見の衝突も増えてしまうだろうし，経営陣から発せられるシグナルにバラツキがあると，全社的に知の探索と活用のバランスをとるのが一層難しくなるに違いない。

　これをうまく進めるには，経営陣の報酬制度に目を向けた方が良いとオライリー＝タッシュマンはいう。経営陣の考え方を統一させるべく，かれらの報酬を担当する事業部門の財務的成果ではなく，全社的な基準で決めるというのは有効かもしれない。そうすることで，経営陣が一丸となり，全社的・長期的な観点に立ち，協力し合うことが期待できるからだ。加えて，経営幹部には両利き戦略に異を唱える人びとを排除するという思い切った覚悟も必要となろう。オライリー＝タッシュマンによれば，かれらが成功事例として取り上げたIBMでは，当時の経営トップが両利き戦略を推進するた

め，反対意見を表明した経営陣のほぼ全員を入れ替えるなど大鉈を振るったという。このように，経営陣のコミットメントも両利き戦略の成功に不可欠といえる。

(3)　両利き組織の設計

　3つめの成功条件は，すでに述べたようなローレンス＝ローシュのいう分化（事業部門ごとにそれぞれの目的達成に適した組織を構築すること）と統合（それぞれの部門が協力し合うこと）を同時に実現できるような，いわゆる両利き組織をデザインすることだ。言うまでもなく，知の活用事業を成功させるのに必要な組織の運営方法は，知の探索事業のそれとは全く異なる。そのため，探索事業については，独自の組織構築と独自の組織運営を認めなくてはならない。ただし，こうした分化は両利きの必要条件ではあるが，十分条件ではない。知の探索部門には自ら部門を運営するという独立性だけでなく，知の活用部門（既存のコア事業部門）の資源を利用可能にするという統合もまた欠かせない。

　しかしながら実際には，分化と統合が実現できずに両利きが失敗に終わってしまう例が頻発しているとオライリー＝タッシュマンはいう。目指すものがまったく異なる既存事業のシステムや考え方を探索事業に押しつけるばかりか，探索部門は既存事業から十分な協力を得られないというケースが数多くみられるというのだ。これでは，両利き戦略はうまくいくはずがない。だからこそ，新規事業（探索）部門が既存事業部門の資源にスムーズにアクセスできるような組織設計を行い，両利き組織を上手くマネジメントしていく必要がある。再びIBMの事例を紹介しておこう。同社の場合は，経営陣が探索部門と月例会議を開いて進捗状況を確認したうえで，マイルストーン（プロジェクトの中間目標）の達成状況に基づいて資

源配分を決めるとともに，既存事業からの支援が得られない場合は必要に応じて介入し，そこからサポートを受けられるようにしたそうだ。

　繰り返しになるが，鍵となるのは，新規（探索）事業の妥当性が認められたら，組織本体（活用事業）の資源が適宜利用できるようにすることだ．さもなければ，探索部門は苦戦を強いられ，勢いを失っていく．両利き組織をうまく機能させる設計思想が求められる所以であろう。

⑷　共通のアイデンティティの存在

　両利きの成功に求められる第4の条件は，新規（探索）事業と既存（活用）事業に共通するアイデンティティが存在していることだ。ここでアイデンティティとは，自社のこれからのあるべき姿を意味する「ビジョン」，自社が大切にしていく「価値」，そして共通したものの見方や考え方である「文化」（カルチャー）を体系化したものと考えるとよい。

　そもそも，両利きにとって部門間の協力が欠かせないということを明示した共通のビジョンがなければ，探索事業と深化事業はお互いを邪魔者扱いしたり，脅威をもたらす存在とみなすことになりかねない。自社の未来にとって，新たな知の探索を意味する新規事業の探索は欠かせないという長期的思考を全社員が身につけるのにも，そして事業部門間の協力関係の構築にもビジョンは役立つのである。

　これについても，先に紹介したUSA トゥデイのケースを引用しよう。同社では，既存の紙媒体の新聞事業の記者たちは新規事業であるオンラインニュース・サービスのスタッフをジャーナリストして認めないばかりか，わが身を脅かす存在と見なし，一方オンライ

ンのスタッフも紙媒体の新聞記者をもはや時代遅れの存在だと見下していたという。これでは協力など到底望めるはずがない。

　こうした緊張関係を解消するため，USA トゥデイの経営トップが上述した戦略意図をもとに，「日刊の紙媒体の新聞，常時更新するオンラインニュース，テレビという３つのプラットフォームでニュース記事と画像を共有するニュース情報の会社になる」という同社のビジョンを語ったことは注目に値する。それによって，新聞事業とオンラインニュース・サービス事業が USA トゥデイという組織の一員として協力し合うべきだとする正当な理由が示されることになったからだ。一方で，新聞というコア事業の中心にあった公正，正確，信頼という価値はそのまま受け継がれたという。これらのビジョンと価値が新聞事業部門とオンラインニュース・サービス事業に共通のアイデンティティとなり，同社の両利き戦略の成功に大きく寄与したというのは間違いあるまい。知の探索部門と活用部門に共通のアイデンティティを提供してくれるビジョン，価値観，文化（カルチャー）があると，全社員を巻き込み，皆が同じチームの仲間だという意識を持つことができるのである。

　以上の４つの条件がすべて揃うことが両利き戦略の成功には欠かせないということをオライリー＝タッシュマンは強調している。これら４つのいずれかひとつでも欠けていれば両利きはうまくいかない。新規事業を探索するという取り組み，いわゆる知の探索が組織の慣性によって前に進まなくなるからだ。しかし，こうも言う。これら４つはあくまで成功のための必要条件なのであって，十分条件ではないと。それに相当するものとして，かれらが重視するのは，リーダーシップの役割，すなわち両利きのリーダーシップの発揮である。

4 両利きのリーダーシップ——両利きの成否を決めるトップ・リーダーシップの5原則

　両利きの成否を決めるとされるトップ・リーダーの役割とはいかなるものだろうか。それを明らかにするために，ここではオライリー＝タッシュマンのいう経営トップに求められる両利きのリーダーシップの5原則に注目することにしよう。これらの5原則が相互に関連し合っていることは，あらためて言うまでもないが，それを実践した具体例として，アマゾンの創業者で，同社の元 CEO（Chief Executive Officer：最高経営責任者）ジェフ・ベゾスのリーダーシップにオライリー＝タッシュマンは注目している。それは，アマゾンが両利き戦略を成功させた代表例のひとつで，ベゾスのとった行動はまさに両利きのリーダーシップそのものだからだ。

(1) 原則1. 組織メンバーの感情に訴えかけられるような戦略意図の提示

　両利きのリーダーシップの第1原則は，両利き戦略の成功条件のところでも言及した戦略意図の提示だ。そこでは戦略意図の提示が両利き戦略を正当化しうると述べたが，そのためにも，両利きのリーダーの掲げる戦略意図は組織メンバーの感情に強く訴えかけるものでなければならない。戦略意図の機能は，メンバーにエネルギーと強い感情を注入して，かれらの組織への帰属意識を高め，探索部門と深化部門の矛盾する戦略を組織メンバーが受け入れるようにすることだ。

　アマゾンの両利きリーダー，ベゾスが明示した戦略意図は何か。それは，アマゾンが顧客と低価格に重点をおくことで，「エブリシング・ストア（何でも買える店）」となり，2000億ドルの事業をめざすというものであった。この野心的な目標によって，ありとあら

ゆる商品を保管し出荷するというアマゾンのケイパビリティに絶えず投資することが正当化され，1994年から2000年にかけて，書籍に必要なレベルをはるかに超える，大規模で高度な機能を備えた倉庫の建設に踏み切ることができた。

またこの戦略意図によって，顧客体験（カスタマーエクスペリエンス）に関わる既存のケイパビリティ（例えば，幅広い品揃え，迅速な配送，効率性の向上）が継続的に改善されるとともに，実験を継続して行うことで新しい事業領域（ドメイン）の探索も進められた。「より多くの実験ができるように，実験のコストを引き下げようとしてきた。実験の数を100から1000に増やせれば，創出されるイノベーションの数は大幅に増える」（オライリー＝タッシュマン2016, 51頁）と，ベゾスは語っている。

ベゾスの提示した戦略意図は，両利きの戦略的必要性，知の活用部門と探索部門に属する全メンバーにアピールしたはずだ。かつてセルズニック（1957）は，ビジョンをベースにした価値注入によって，組織を社会的な有機体に変えることこそが，リーダーの本質的な役割であり，それが制度的リーダーシップだと説いた。その意味で，両利きのリーダーシップとはセルズニックのいう制度的リーダーシップに相通ずるものがあるととらえることができよう。

(2) 原則2. 新規事業の探索探部門と既存事業の活用部門に生じる緊張関係の調整

CEOや事業部長には既存事業に口をはさむことを快く思わない人が多い。だからといってそのまま放置しておくと，社内の抵抗が助長され，対立する部門間でのいがみ合いを許してしまう。事業部門というものは，全社的な目標をないがしろにしても自らの利益を守ろうとする傾向がある。これまで自社を支えてきたコア事業と未

図 18　探索部門と活用部門の緊張関係を調整するための 2 つのアプローチ

ハブ・アンド・スポーク・チーム　　　　　　　　　　リング・チーム

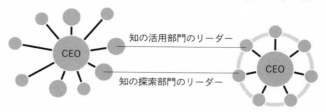

知の活用部門のリーダー

知の探索部門のリーダー

（出所）タッシュマンほか（2011），79 頁を一部修正。

来志向の探索事業との間に生まれる緊張関係を理解し，その解決が自らの問題であることを認めなくてはならない。緊張関係にうまく対応できなければ，新規事業の探索部門をつぶすか，かれらを傍流に追いやる，という 2 つの選択肢しかなくなってしまうだろう。

　オライリー＝タッシュマンは，この緊張関係を調整するという両利きのリーダーシップの第 2 原則を実行に移すために有効なのは次の 2 つのアプローチだと捉えている。

　第 1 のアプローチがハブ・アンド・スポーク・チームモデル（hub and spoke team）だ。

　このモデルにおける CEO は事業部門のリーダーたちに取り囲まれるように車輪の中心部分（ハブ）に位置しており，事業部門リーダーはそれぞれ CEO とのみコミュニケーションをとることになるが，お互い同士は協議をしない。また CEO が車輪のスポーク（真ん中と周りの車輪を繋げる部分）のそれぞれを別個にマネジメントするため，各事業部門は CEO に大きく依存することになる。

　この方式では基本的に CEO が知の探索事業の統括責任を負うため，既存の事業部門のリーダーは知の活用を志向する自らの事業に集中することができるし，探索部門のリーダーを既存事業部門の圧力から守ることも可能となる。ただ知の探索の統括は CEO のみ

が責任を負うのではなく，COO（Chief Operating Officer：最高執行責任者）と共有されねばならない（タッシュマンほか 2011）。実際，ハブ・アンド・スポーク・チームの場合，CEO と COO 合わせて数人でマネジメントされることが多いという。そうすることで，活用部門と探索部門それぞれのリーダーたちとより深い情報交換ができ，活用と探索の両立がスムーズにいくとみるのである。事業部門のリーダーたちを互いに接触させることなく，探索部門と活用部門の緊張関係の調整を経営トップが担うということが，このハブ・アンド・スポーク・チームモデルの重要なポイントといえる。

　ハブ・アンド・スポーク・チームと好対照なのが，第2のアプローチをなすリング・チームモデル（ring-team model）である。このモデルでは，事業部門のリーダーたちが CEO のもとに招集され，資源の配分および知の活用と探索のトレードオフの調整はチームの中で組織的に行われる。リングチームのメンバーはクリティカルな問題を議論する際，必ず他者と異なる意見を述べるよう求められており，納得いくまで粘り強く議論し，解決策をひねり出していく。チームが目指すのは，妥協案に到達することではなく，自社の現在の課題と未来に向けての課題，その両方を前進させるベストの方法をチームのメンバー全員で見つけ出すことにほかならない。

　知の探索部門に強い発言権を与えたり，時間と資源の請求権を与えるのは，経営者にとって大きなストレスになるかもしれない。実際，タッシュマンたちが両利きの成功事例として取り上げた企業の CEO は「会社全体の売上の5％にすぎないものに自分の時間の半分を費やすことは無意味ではなく，努力する価値があるのだと自分自身を納得させなければならなかった」と述懐していたそうだ。このストレスに耐え，両利きのリーダーシップを発揮し，リングチームアプローチを実行したからこそ，当該企業は成功を手にすること

ができたといってよい。

　アマゾンの場合は，舵取りをする人間はベゾス一人ではなかったことから，後者のリング・チームモデルが採られていたといえる。アマゾンには「非常に足並みの揃ったシニア（経営幹部）チーム」が存在し，「レベルを引き上げることのできる者」という基準で選定されたチームのメンバーは，どうすれば探索部門と活用部門の緊張関係を調整できるかについて，徹底的な議論を戦わせ，そしてひとたび決まったことには，その実現に全力を注ぐことが徹底されていたという。この点を強調するのが，原則3である。

　(3)　原則3. コンフロンテーション型のコンフリクト解決

　原則3は経営陣の間で両利きをめぐって発生する意見の対立（コンフリクト）をコンフロンテーション型で解決していこうというものだ。コンフロンテーション型のコンフリクト解決とは，コンフリクトが発生したとき，関係するすべてのメンバーが意見の対立を生んでいる問題そのものを直視し，お互いに徹底的に議論することで，問題の解決策を見出していくという方式をいう。コンフリクトが解消するまで，メンバーがオープンに情報を交換しあい，また意見を正面からたたかわせることで，解決を図るというコンフロンテーション型は創造的・革新的な問題解決に導くとされている（ローレンス＝ローシュ 1967）。

　オライリー＝タッシュマンはこれと同じ観点から，探索部門と活用部門の相互依存関係を確認したうえで，各部門に資源の配分と活用をいかに行うかを徹底的に話し合うことで，経営陣の対立は解消されることが多いとし，実際のケース分析を通じて，成功した両利きのリーダーは，こうした緊張関係に正面から取り組んでいるとしている。実際，先に紹介したように，アマゾンのベゾスもこのコン

フロンテーションというやり方で，経営幹部の間に発生したコンフリクトの解決を図っていた。

　両利きを効果的に進めているリーダーは，戦略意図（原則1）を提示したうえで，自社が両利きに取り組むことの戦略上のメリットをしっかり整理したうえで，経営幹部チームがじっくりと話し合えるよう，サポートを行っているという。そうすることで，かれらは対立点を議題に上げ，妥協点を探るのではなく，全員で全社的な課題の解決を図ろうとするようになるからだ。このコンフロンテーション型のコンフリクト解決も両利きのリーダーシップを発揮するうえで，不可欠だといえよう。

(4)　原則 4. 一貫して矛盾に取り組むリーダーシップ行動

　両利きのリーダーは，既存事業部門には利益と規律を求めながら，新規事業を探索する部門には実験を奨励する。つまり，かれらは矛盾した内容をもつ知の探索戦略と活用戦略を同時に実行していかねばならないのだ。このような矛盾含みの行動を経営トップが一貫してとることで，経営陣も探索事業と活用事業とでは求められる組織が全く異なること，そしてその両方にリーダーが本気で取り組もうとしていることを実感できるのである。

　アマゾンのベゾスがまさにそうだった。かれは，電子書籍リーダー「Kindle（キンドル）」がハードカバー書籍の売上を減らすことを理解していたが，それでも知の探索に積極的な投資を行い，また探索の取り組みには社内で最も優秀な人材を起用した。さらに利益が足りないと株主が不満を表明しても，研究開発への投資は継続し，出だしでうまくいかず，懐疑的な意見が出てきたとしても，新商品カテゴリーの探索を止めなかったという（オライリー＝タッシュマン 2016, 52 頁）。これらのことからも，ベゾスが自ら掲げた

戦略意図である「エブリシング・ストア（何でも買える店）」の実現に向け，ぶれることなく動いてきたことがわかる。

　アマゾンだけでなく，両利きに成功したリーダーと経営陣は，探索部門には既存の活用部門とは全く異なる対応が必要だということを理解していた。リーダーが一貫して矛盾する行動をとっても，アマゾンのように，両利きリーダーの戦略意図のおかげで，企業はひとつになり，それは意味をなすことになる。だからこそ，第1原則は重要なのだ。

(5)　原則5. 探索事業と活用事業それぞれのビジネスモデルの違いを踏まえた評価の実践

　探索事業（イノベーション事業）にもコア事業（活用事業）と同じ評価基準を課している場合が少なくないが，それでは両利きはうまくいかないとオライリー＝タッシュマンは注意を促している。確かに，成功をどのように評価するかは，活用事業と探索事業の両方のマネジメントにおいて最も難しい問題のひとつだろう。事業が成功し，収益性を高めるほど，フィードバック・システムも精緻化が進み，計画からのズレを発見でき，エラーをコントロールすることが可能となる。このような厳格な管理システムと評価基準が既存事業に成功をもたらすのである。問題なのは，この成功を収めた既存事業と同じ目標や評価基準を探索部門にも適用してしまうことだ。

　そもそも知の探索は失敗から学習することに重きを置くので，エラーをコントロールする必要はない。この違いを野心的な戦略意図を起点に，未来に目を向け，自社は何ができそうなのか，どのような機会を創造できそうかについて考えるという探索事業における「フィードフォワード」と活用事業で重視される「フィードバック」のバランスのとり方をリーダーは学ばなければならないし，そ

れができるリーダーこそが両利きのリーダーといえる。

　これまで紹介したアマゾンのベゾスのリーダーシップ・スタイル
をあらためて確認すると，探索事業と活用事業のビジネスモデルの
違いを認めたうえで，それぞれについて異なる評価基準を課してお
り，この原則5も踏まえられていると考えられる。よって，ベゾス
はオライリー＝タッシュマンの5つの原則すべてに当てはまる両利
きリーダーの一人とみることができるだろう。

　以上のように，オライリー＝タッシュマンの両利き戦略論は，経
営トップのリーダーシップの役割を最重要視している。かれらの議
論を踏まえると，両利きのリーダーシップにとって特に重要なのは
次の3つに集約できるのでないだろうか。オライリー＝タッシュマ
ンの両利き戦略論のまとめとして，なぜそうとらえているかについ
て私見を述べておくことにしたい。

　両利きのリーダーシップとして，まずは経営トップによる大きな
ビジョンの提示を挙げたい。なぜ既存事業がうまくいっているの
に，危険を冒してまで新規事業の探索に乗り出す必要があるのか。
両利きにチャレンジした結果，われわれにどんな未来が開けてくる
のか。そんな疑問に答えることができなければ，会社のメンバーか
らの反発は避けられまい。逆にいえば，かれらが納得すれば，両利
きの実現に向けて，大きな一歩を踏み出すことができるはずだ。両
利きの必要性，重要性をビジョンに盛り込みながら，組織メンバー
の感情に訴えかけるとよい。企業としての独自性を包含したビジョ
ンに共鳴できれば，ヒトはたとえそれが困難なチャレンジであって
もそれに立ち向かうはずだ。言葉のチカラは決して小さくない。

　両利きのリーダーシップの第2の役割として，掲げたビジョン
（両利き）およびオライリー＝タッシュマンのいう戦略意図の実現
に向け，自社の事業領域を明示した自社の企業ドメインの設定を挙

げたい。ちなみに両利き戦略の成功例としてよく取り上げられる富士フイルムの企業ドメインである「I&I（イメージングとインフォメーション：映像の記録と情報目的に向けた映像の最適化処理）」は有効に機能したドメインとして評価が高い。新規事業の探索を円滑に進めるうえで企業ドメインは欠かせないものとなるはずだ。というのも，企業ドメインには，注意の焦点を限定できる，企業全体をひとつの組織とする一体感をつくれるなどの意義がある（伊丹・加護野 2003）からだ。その中で，注意の焦点が定まるという意義は，新規事業の機会発見に寄与することになるだろう。機会発見には情報の収集が必要とされるのはいうまでもないが，自社として目指すドメインを規定することで，その領域での深い情報収集が可能となり，それは機会発見の精度を高めることになろう。また経営トップといえども決してスーパーマンではないので，単独で機会発見ができないことも少なくないと思われる。そのような場合，現場に近いミドルレベルの管理者（ミドル）から発案を求めることになろうが，設定されたドメインが発案のベースとなり，自社の事業領域と整合的な事業プランの提案が期待できるのではないだろうか。

　そして組織としての一体感の醸成という企業ドメインの意義は，新規事業探索にとって最大のネックとなる組織変革を進めるうえで役に立つと思われる。組織変革では，ビジネスモデル，特に組織ルーティンの変革がカギとなるが，同一組織の中で異なるルーティンを有する部門の併存を認める両利き戦略を進めるには，既存部門の資源面でのサポートが欠かせない。企業ドメインの設定により，既存事業の活用部門と新規事業の探索部門に「自分たちがやっている事業を貫くひとつのアイデンティティがある」という感覚が生まれ，既存事業部門も新規事業部門に協力しようという気になるはずだ。

　第3に，上で述べたことにも関係するが，戦略立案にミドルを巻き込むことも経営トップは積極的に行うべきだ。かれらが戦略づくりにかかわることで，各事業部門の有するナマの情報が直接持ち込まれ，新規事業の機会発見がスムーズにいく（入山 2019）だろうし，それが組織ルーティンになり，社内に定着すれば，ミドルの活用を通じて，企業全体としての機会発見能力の向上につながるに違いない。現に両利き組織の代表例とされる AGC（旧旭硝子）でも，「戦略はその実現を担う人たちに考えてもらうのが一番」という経営トップの意向で，今後 10 年間の成長戦略の立案が 20 人のミドルに託されたという（加藤ほか 2020）。ただし，このミドルの巻き込みはトップ自身が成功の罠に陥っている場合は，当然ながら期待できない。過去の成功体験によって導かれた考え方を一掃するためにも，経営トップは周りに自分に忖度するイエスマンではなく，自分の考えに異議を申し立ててくれるような側近を配置すべきではないだろうか。それが凝り固まった考えから脱却する手助けとなり，的確な機会発見につながるはずだ。側近からイエスマンを排除することも，両利き戦略の実行にとって考慮すべき重要事項のひとつといえよう。

　以上の，ビジョンの提示，ドメインの設定，ミドルの巻き込みを通じて，活用事業と探索事業の間に生まれがちな感情的なテンション（緊張関係）が解消されることが期待されるが，それでもなおうまくいかない場合，経営トップは積極的に双方を納得させるアクションをとらねばならない。それが両利きのリーダーシップの5原則にも取り上げられている既存事業部門と新規事業部門の切り分けと統合（両部門が協力し合うこと）だ。既存事業と新規事業とでは当然目指すものが違うため，それぞれの事業部門の目標達成に必要な組織ルーティンの構築を促さねばならない。このときによ

く見られる過ちが，両部門を同じ指標で評価してしまうことだというのはすでに述べた。評価システムについても，もちろん切り分ける必要があるし，そうでなければ両利きは成功しないだろう。もちろん，切り分けただけで済む話ではない。切り分けた後は統合を考えるべきだ。これについては，評価システムに工夫を凝らした米国のIBMの対応が参考になると思われる。同社は，既存事業部門と新規事業部門のそれぞれの長に両利きの推進という全社的な評価基準を課したという（オライリー＝タッシュマン 2016）。評価が担当事業の業績のみで決まるなら，部門間の協力関係が期待できないからだ。一考に値する統合方法といえよう。また評価の工夫だけでなく，両利き組織のAGCのように，既存事業と新規事業のビジネスモデルの違いについて理解を深めるために，経営幹部同士，さらに幹部と若手社員との対話集会など，さまざまな話し合いの機会を設け，それを組織ルーティンにすることも統合に向けプラスに働くと考えられる（加藤ほか 2020）。その結果，3つの組織能力が生まれることになる。ひとつは，既存事業を深掘りする組織能力，2つめは新規事業の探索に有効な組織能力，そして3つめが既存事業と新規事業を同時に実現するという両利きの組織能力だ（図19）。

このような両利きのリーダーシップを通じて，両利きに求められ

図19　両利きに求められる3つの組織能力

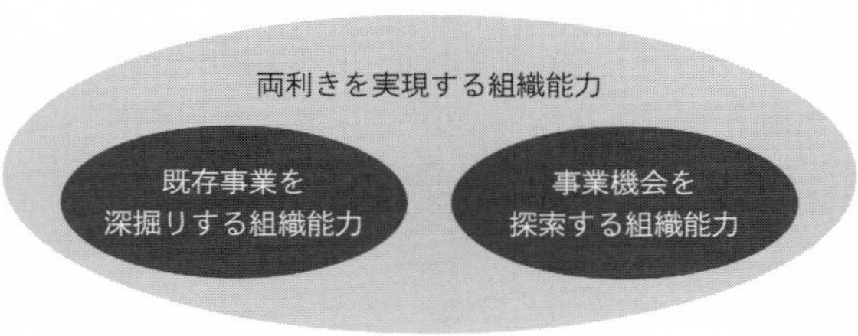

（出所）加藤ほか（2020），69頁を一部修正。

る3つの組織能力を構築することができれば，企業全体としての競争力が強化され，企業としての競争優位の持続可能性を高められるに違いない。この点については終章で私見を交えて述べることにする。

終章
持続的競争優位の実態と
企業の長期的戦略経路

　本書では，80年代以降の競争戦略論の主要研究をサーベイすることで，企業の持続的競争優位の源泉についての考え方がどのように進展してきたかを中心に論じてきた。具体的には，市場ポジショニングから始まり，コーペティション，戦略ポジショニング，そして組織能力，ダイナミック能力，両利き能力という流れだ。この中で，ダイナミック能力と両利き能力は企業の競争優位の持続可能性を高めうるキー・コンセプトであるとわれわれは考えている。

　この点を踏まえつつ，本書のまとめとして，終章では2つのポイントを指摘しておきたい。ひとつは，これまでの競争戦略論の中心テーマである持続的競争優位という考え方についてだ。はたして環境の激化が叫ばれる現代であっても，競争優位は本当に持続するのだろうか。これについては否定的な意見も少なくないが，われわれはそれを肯定的にとらえたい。ただ注意しなければならないのは，競争優位の持続というものを長期的・安定的にとらえるわけではないということだ。競争優位を持続させているところは，一時的な競争優位を連鎖して獲得している企業ととらえるべきではないか。それこそが持続的な競争優位の実態なのではないか。これを第1のポイントとして以下で整理してみたい。

　2つめは，このような持続的な競争優位の実態を踏まえながら，

それを競争戦略論の最新の研究成果であるダイナミック能力および両利き能力とリンクさせて，一時的競争優位を連鎖的に獲得している企業の長期的な戦略経路を描くことだ。そうすることで，競争戦略論の発展を踏まえた企業の競争優位の持続可能性についての考え方を整理できると思われる。

I　持続的競争優位の実態——一時的競争優位の連鎖

　マグレイスは『競争優位の終焉』（2013）というショッキングなタイトルの著書で，持続的な競争優位というのは誤解で，競争優位は一時的なものにすぎないと主張した。また入山（2012, 2019）もこれに賛同し，持続的な競争優位という前提そのものが現代のビジネスに当てはまらないのではないかという問題提起を行っている。二人に共通するのは，ともにこの主張のエビデンスとして，ダヴェニほか（1994）の「ハイパー・コンペティション」論を挙げているところだ。

　ここでは入山（2012）にしたがって，ダヴェニの2つの論点に注目したい。第1の論点は，企業が競争優位を持続できる期間は短くなっていることだ。要するに，グローバル化，規制緩和，IT の進展などにより，企業間競争は著しく激しくなっており，そのようなハイパー・コンペティションという状況では，長期にわたって安定して競争優位を維持していくことはできないとみるのである。

　そして，ハイパー・コンペティションの下では，一度競争優位を失ってもまたそれを取り戻す「一時的な競争優位の連鎖」を生み出すことが重要になるというのが2つめの論点だ。ダヴェニのこの論点と従来の持続的競争優位のイメージを比較すると，図20のようになる。

図20　持続的競争優位と一時的な競争優位の連鎖のイメージ

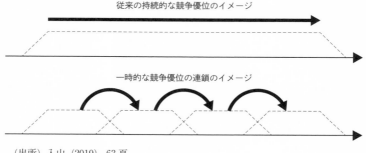

（出所）入山（2019），63頁。

　従来であれば，競争優位を長期にわたって安定して実現すること
ができたというのが図の上の部分だ。これに対して，ハイパー・コ
ンペティションの時代だと，それは考えにくい。現代企業に求めら
れるのは，「業績が落ちかけても，すぐに新しい対応策を打って業
績を回復できるような変化する力」であり，変化を繰り返すこと
で，「一時的な競争優位を連鎖して獲得すること」なのだというの
がダヴェニの第2の論点であり，入山もその正当性を強調してい
る。

　このダヴェニと入山の議論は，伊丹（1984）の指摘する「ジグザ
グ戦略」に通ずるとみることができる。伊丹によれば，長期的に成
長していく企業は，次々と不均衡ダイナミズムを繰り返すという。
ひとつの不均衡ダイナミズムが終わりに近づき，均衡状態を迎える
と，別の不均衡メカニズムがはじまる。こうした不均衡ダイナミズ
ムの繰り返しとしてあらわれてくる企業の長期的戦略経路はジグザ
グ戦略とよぶべきだと伊丹は言う。

　伊丹がその重要性を主張するジグザグ戦略というのは，マグレイ
や入山の指摘する一時的な競争優位を連鎖して獲得する戦略と同じ

図 21 一見不安定な企業と一見安定な企業

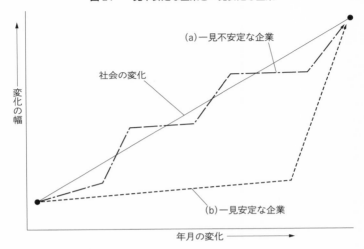

(出所) 伊丹 (1984), 311 頁。

ものといってよい。伊丹はジグザグ戦略の本質を見据えてきた経営
者の一人として，日本電気の小林宏治元会長を挙げ，彼が経営者と
しての経験から導いたあるパラドックスを紹介している。それは，
「不安定な企業は安定であり，安定した企業は不安定である」とい
うパラドックスだ。

　小林宏治氏が問題にしているのは，成功体験による環境適応能力
の低下，いわゆる成功の罠である。安定な企業は，面白いくらい儲
かるが，世の中はたえず変化している。ところが，突然の変化があ
らわれると，それにどう対処していいかわからず，慌てふためき，
危機に陥るという。一方，不安定な企業というものは，大変だ大変
だとブツブツいいながらも，その時々の変化に小刻みに対応してい
る。だから，「安定な企業は不安定であって，不安定な企業は安定
である」というパラドックスを忘れてはいけないということをかれ

は強調するのだ。環境変化によって競争優位を安定して実現することは難しいが，一見不安定な企業は環境変化に対応し，一時的な競争優位を連鎖的に獲得しており，その動きはジグザグに揺れ動くというのが，伊丹と小林の主張のポイントとみなくてはならない。

われわれも持続的な競争優位の実態を，長期的・安定的なものではなく，一時的な優位の連鎖的獲得として捉え直す必要があるだろう。すなわち，長期的に成長していく企業，競争優位を持続させているところは，一時的な競争優位を連鎖して獲得している一見不安定なジグザグに揺れ動く企業なのだ。

II 企業の長期的戦略経路

一時的な競争優位を連鎖して獲得することが，ハイパー・コンペティションの時代における持続的競争優位の実態であること，そして企業の競争優位の持続可能性を規定する重要な鍵概念がダイナミック能力（DC）と両利きの組織能力であることを踏まえると，長期的に成長を続けることができる企業の戦略経路は図22のように描けるのではないだろうか。

この企業の長期的戦略経路は，企業の環境適応というアイデアに基づくものである。中橋（1997a）によれば，環境適応とは企業と環境との間に適合関係を構築することであり，適応の意味は適合と対比することで，よりよく理解できるという。適合というのは，企業があるビジネスモデル，すなわち戦略によって競争優位を獲得していることを意味している。図中の時点 t_1 を見てほしい。そこでは，企業が構築したビジネスモデルがその組織能力によってうまく機能し，環境条件（顧客ニーズ）に適合している。よって，組織能力をベースにしたこのビジネスモデルは顧客に支持され，当該企業

図22　企業の長期的戦略経路と一時的競争優位の連鎖

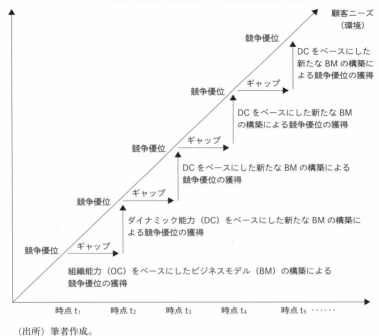

(出所) 筆者作成。

は競争優位を獲得できる。

　ただ環境は変化を続けるため, 既存のビジネスモデルのままだと環境条件との間にギャップが生まれ, 不適合をおこすことになる。その結果, 競争優位は失われ, 一時的な競争優位に終わってしまう。しかし成長を続ける企業はそれに甘んじない。新しい環境条件と適合的なビジネスモデルを構築し, それをうまく実行するための新たな組織能力をつくり出す。このように, 変化した環境条件に適合するようにビジネスモデルを変え, それを効果的に実行するために新しい組織能力を構築することが適応にほかならない。DCと両

利きの組織能力というコンセプトを使って，この適応について補足することにしよう。

　新たな環境条件に適応するうえで，DC および両利きにおける新規事業の探索能力が重要な役割をはたす。適応には，環境変化を感知し（センシング），新たな事業機会をとらえて，それにマッチしたビジネスモデルを構築する（サイジング）とともに，このビジネスモデルがうまく機能するように組織を変革する（トランスフォーミング）という DC が欠かせないからだ。この DC と探索能力によって，強い企業は時点 t_2 で再び競争優位を取り戻すことになる。それは環境が絶えず変化しても変わることはない。時点 t_3 でもそして時点 t_4 と時点 t_5 でも DC と探索能力をベースに新しい環境条件に適合をはたすのだ。こうした企業は，一時的な競争優位を連鎖して獲得し，競争優位の持続可能性を高めており，その戦略経路は伊丹の言う「ジグザグ」で，小林の指摘する「一見不安定」にみえる。ハイパー・コンペティションの時代にあっても，競争優位を持続させ，長期的に成長を続けている企業は，DC と探索能力を通じて不均衡ダイナミズムを次々と繰り返している。そうとらえるべきであろう。

　以上みたように，DC と両利きの組織能力，とりわけ新規事業の探索能力の重要性を提唱するダイナミック能力論および両利き戦略論には，ポジショニング論のアプローチによって外部環境を分析したうえで，能力ベース論のコアコンセプトである組織能力を新たに構築するという魅力的なアイデアが包含されている。それは，ポジショニング論を包含しつつ，能力ベース論をさらに発展させたものであり，まさに説得力をもって企業の競争優位の持続可能性について説明しうる最新の競争戦略論とみることができよう。ダイナミック能力論と両利き戦略論は「内か，外か」という議論が戦わされて

きた企業の持続的競争優位の源泉についての研究を統合する可能性
をもつ。これらをもとに，競争優位の持続可能性についての研究が
さらに発展していくことを大いに期待したい。

参考文献

Amit, R. and Shoemaker, P. J. H. (1993), "Strategic Assets and Organizational Rent," *Strategic Management Journal*, Vol. 14, pp. 33-46.

Barney, J. B. (1991), "Firm Resources and Sustained Competitive Advantage," *Journal of Management*, Vol. 17, No. 1, pp. 99-120.

Barney, J. B. (1992), "Integrating Organizational Behavior and Strategy Formulation Research: A Resource-Based Analysis," in Schrivastava, P., Huff, A. and Dutton, J. (eds.), *Advances in Strategic Management*, Vol. 8., pp. 39-62.

Barney, J. B. (2001), "Is Sustained Competitive Advantage Still Possible in the New Economy? Yes". (岡田正大監訳「リソース・ベースト・ビュー」『DIAMOND ハーバード・ビジネス・レビュー』May, 78-87 頁。)

Barney, J. B. and Clark, D. N. (2007), *Resource-Based Theory*, Oxford University Press.

Brandenburger, A. M. and Nalebuff, B. J. (1996), *Co-opetition*, Currrency Doubleday. (嶋津祐一・東田啓作訳『コーペティション経営』日本経済新聞社, 1997 年。)

Christensen, C. M. (2000), *The Innovator's Dilemma*, Harvard Business School Press. (伊豆原弓訳『イノベーションのジレンマ（増補改訂版）』翔泳社, 2001 年。)

Christensen, C. M. and Raynor, M. E. (2003), *The Innovator's Solution*, Harvard Business School Press. (櫻井祐子訳『イノベーションへの解』翔泳社, 2003 年。)

Clark, K. B. and Fujimoto, T. (1991), *Product Development Performance*, Harvard Business School Press. (田村明比古訳『製品開発力』ダイヤモンド社, 1993 年。)

Collis, D. J. and Montgomery, C. A. (1997), *Corporate Strategy*, Irwin.

D'Aveni, R. A. and Gunther, R. E. (1994), *Hypercompetition: Managing the Dynamics of Strategic Maneuvering*, Free Press.

Eisenhardt, K. M. and Martin, J. A. (2000), "Dynamic Capabilities: What are They?" *Strategic Management Journal*, Vol. 21, pp. 1105-1121.

Grant, R. M. (1991), "The Resource-Based Theory of Competitive Advantage," *California Management Review*, Spring, pp. 114-135.

Grant, R. M. (1996), "Prospering in Dynamically-Competitive Environment: Organizational Capability as Knowledge Integration," *Organization Science*, Vol. 7, No. 4, pp. 375-387.

Grant, R. M. (2002), *Contemporary Strategy Analysis*, 4th ed., Blackwell.

Hamel, G. (1994), "The Concept of Core Competence," in Hamel, G. and Heene, A. (eds.), *Competence-Based Competition*, Jojn-Wiley & Sons.

Hamel, G. and Prahalad, C. K. (1994), *Competing for the Future*, Harvard Business

School Press.（一條和生訳『コア・コンピタンス経営』日本経済新聞社，1995 年。）

Heene, A.（1994）, "Preface," in Hamel, G. and Heene, A.（eds.）, *Competence-Based Competition*, John-Wiley & Sons.

Helfat, C. E. et al.（2007）, *Dynamic Capabilities: Understanding Strategic Change in Organization*, Blackwell.（谷口和弘ほか訳『ダイナミック・ケイパビリティ—組織の戦略変化—』勁草書房，2010 年。）

Hofer, C. W. and Shendel, D. E.（1978）, *Strategy Formulation: Analytical Concepts*, West Publishing.（奥村昭博・榊原清則・野中郁次郎訳『戦略策定—その理論と手法—』千倉書房，1981 年。）

Lawrence, P. R. and Lorsch, W.（1967）, *Organization and Environment*, Harvard University Press.（吉田博訳『組織の条件適応理論』産業能率短期大学出版部，1977 年。）

Leonard-Barton, D.（1995）, *Wellspring of Knowledge*, Harvard Business School Press.（阿部孝太郎ほか訳『知識の源泉』ダイヤモンド社，2001 年。）

Levitt, T.（1960）, "Marketing Myopia," *Harvard Business Review*, July-August, pp. 45-56.

March, J. G.（1991）, "Exploration and Exploitation in Organizational Learning," *Organization Science*, 2（1）, pp. 71-87.

McGraith, R.（2013）, *The End of Competitive Adcantage*, Harvard Business Review Press.（鬼澤忍訳『競争優位の終焉』日本経済新聞出版社，2014 年。）

Nelson, R. R. and Winter, S. G.（1982）, *An Evolutionary Theory of Economic Change*, Harvard University Press.（後藤晃ほか訳『経済変動の進化理論』慶應義塾大学出版会，2007 年。）

O'Reilly, C. A., III and Tushman, M. L.（2004）, "The Ambidextrous Organization," *Harvard Business Review*, April, pp. 74-81.

O'Reilly, C. A., III and Tushman, M. L.（2008）, "Ambidexterity as a Dynamic Capability: Resolving the Innovator's Dilemma," *Research in Organizational Behavior*, 28, pp. 185-206.

O'Reilly, C. A., III and Tushman, M. L.（2016）, *Lead and Disrupt: How to Solve the Innovator's Dilemma*, the Board of Trustees of the Leland Stanford Junior University.（入山章栄監訳『両利きの経営—「二兎を追う」戦略が未来を切り拓く—』東洋経済新報社，2019 年。）

Porter, M. E.（1980）, *Competitive Strategy*, Free Press.（土岐坤ほか訳『競争の戦略』ダイヤモンド社，1982 年。）

Porter, M. E.（1990）, *The Competitive Advantage of Nations*, Free Press.（土岐坤ほか訳『国の競争優位』ダイヤモンド社，1992 年。）

Porter, M. E.（1996）, "What is Strategy?" *Harvard Business Review*, November-December, pp. 61-78.

Porter, M. E.（2001）, "Strategy and the internet," *Harvard Business Review*, March, pp. 52-77.

Prahalad, C.K. and Hamel, G.（1990）"The Core Competence of the Corporation,"

Harvard Business Review, May–June, pp. 79–91.

Robertson, D. A. and Caldart, A. A. (2009), *The Dynamics of Strategy*, Oxford University Press.

Rumelt, R. (1994), "Foreword," in Hamel, G. and Heene, A. (eds.), *Competence-Based Competition*, John-Wiley & Sons.

Selznick, P. (1957), *Leadership in Administration*, Harper & Row. (北野利信訳『組織とリーダーシップ』ダイヤモンド社, 1963 年。)

Spanos, Y. E. and Lioukas, S. (2001), "An Examination into the Causal Logic of Rent Generation: Contrasting Porter's Competitive Strategy Framework and the Resource-Based Perspective," *Strategic Management Journal*, Vol. 22, pp. 907–934.

Stalk, G. P. et al. (1992), "Competing on Capabilities: The New Rules of Corporate Strategy," *Harvard Business Review*, March–April, pp. 52–77.

Teece, D. J. et al. (1997), "Dynamic Capabilities and Strategic Management," *Strategic Management Journal*, Vol. 18, No. 7, pp. 509–533.

Teece, D. J. (2009), *Dynamic Capabilities and Strategic Management*, Oxford University Press.

Tushman, M. L., Smith, W. K. and Binns, A. (2011), "The Ambidextrous CEO," *Harvard Business Review*, June, pp. 74–80.

Wernerfelt, B. (1984), "A resource-based view of the firm," *Strategic Management Journal*, Vol. 5, pp. 171–180.

Winter, S. G. (2003), "Understanding Dynamic Capabilities," *Strategic Management Journal*, Vol. 24, pp. 991–995.

Zollo, M. and Winter, S. C. (2002), "Deliberate Learning and Evolution of Dynamic Capabilities," *Organization Science*, Vol. 13, No. 3, pp. 339–351.

青島矢一・加藤俊彦 (2003)『競争戦略論』東洋経済新報社。

青島矢一・加藤俊彦 (2012)『競争戦略論（第 2 版）』東洋経済新報社。

淺羽茂・須藤実和 (2007)『企業戦略を考える』日本経済新聞出版社。

雨宮寛二 (2013)『アップルの破壊的イノベーション』NTT 出版。

石井淳蔵・奥村昭博・加護野忠男・野中郁次郎 (1996)『経営戦略論【新版】』有斐閣。

伊丹敬之・加護野忠男 (2003)『ゼミナール経営学入門（第 3 版）』日本経済新聞社。

伊丹敬之 (1980)『経営戦略の論理』日本経済新聞社。

伊丹敬之 (1984)『新・経営戦略の論理』日本経済新聞社。

伊丹敬之 (2003)『経営戦略の論理（第 3 版）』日本経済新聞社。

伊丹敬之 (2012)『経営戦略の論理（第 4 版）』日本経済新聞出版社。

入山章栄 (2012)『世界の経営学者はいま何を考えているのか』英治出版。

入山章栄 (2019)『世界標準の経営理論』ダイヤモンド社。

大前研一 (1995)『インターネット革命』プレジデント社。

加藤雅則，チャールズ・オライリー，ウリケ・シェーデ (2020)『両利きの組織をつくる―大企業病を打破する「攻めと守りの経営」―』英治出版。

菊澤研宗編 (2018)『ダイナミック・ケイパビリティの戦略経営論』中央経済社。

菊澤研宗（2019）『成功する日本企業には「共通の本質」がある—ダイナミック・ケイパビリティの経営学—』朝日新聞出版。

楠木建（2010）『ストーリーとしての競争戦略—優れた戦略の条件—』東洋経済新報社。

琴坂将広（2014）「企業は創造性と生産性を両立できるか」『DIAMOND ハーバードビジネスレビュー』2014 年 11 月号，38-51 頁。

榊原清則（1996）「製品イノベーションと新しい企業像—Architectural Capacity の理論—」『ビジネスレビュー（一橋大学産業経営研究所）』Vol. 43, No. 4, March, 16-22 頁。

中橋國藏（1997a）「経営戦略」柴田悟一・中橋國藏編著『経営管理の理論と実際』東京経済情報出版，106-130 頁。

中橋國藏（1997b）「競争優位の持続可能性」柴田悟一・中橋國藏編著『経営管理の理論と実際』東京経済情報出版，146-168 頁。

中橋國藏（1997c）「経営資源と独自能力」柴田悟一・中橋國藏編著『経営管理の理論と実際』東京経済情報出版，169-203 頁。

中橋國藏（2000）「コア・コンピタンスと組織知識」『商大論集（神戸商科大学）』第 51 巻第 5 号，1-23 頁。

中橋國藏（2001）「競争戦略論の発展」中橋國藏・當間克雄編著『経営戦略のフロンティア』東京経済情報出版，3-21 頁。

中橋國藏（2005）『経営戦略論の発展』兵庫県立大学経済経営研究所。

中橋國藏（2007）「組織能力と個人知識」遠山曉編著『組織能力形成のダイナミクス』中央経済社，2-22 頁。

中橋國藏（2008a）「経営戦略の概念」中橋國藏編著『経営戦略の基礎』東京経済情報出版，3-28 頁。

中橋國藏（2008b）「経営資源と組織能力」中橋國藏編著『経営戦略の基礎』東京経済情報出版，87-115 頁。

中橋國藏（2015）「資源ベース論と持続的競争優位」『青山経営論集』第 50 巻第 2 号，172-183 頁。

西谷洋介（2007）『ポーターを読む』日本経済新聞社。

堀江浩司（2007）「探求と活用を支える組織をめぐる議論」『広島経済大学経済研究論集』第 29 巻第 4 号，93-111 頁。

與那原建（1995a）「戦略研究の資源視角」『経済研究（琉球大学）』第 49 号，1-27 頁。

與那原建（1995b）「ストレッチ戦略と経営資源のレバレッジ」『経済研究（琉球大学）』第 50 号，123-140 頁。

與那原建（1996）「コア・コンピタンス論の検討」『経済研究（琉球大学）』第 52 号，83-100 頁。

與那原建（1998）「組織能力をめぐる議論について」『経済研究（琉球大学）』第 52 号，83-98 頁。

與那原建（2001）「資源ベースの企業戦略」中橋國藏編著『経営戦略のフロンティア』東京経済情報出版，75-89 頁。

與那原建（2002）「情報通信技術の進展と競争戦略の論点」豊岡隆編著『変革期における会計と経営の展望』同文舘出版，175-190 頁。

與那原建（2008a）「ポーターの「スタック・イン・ザ・ミドル」論再考」『経済研究（琉球大学)』第 75 号，151-167 頁。

與那原建（2008b）「事業環境分析と競争戦略」中橋國藏編著『経営戦略の基礎』東京経済情報出版，29-59 頁。

與那原建（2010）「ダイナミック能力論の可能性─競争戦略論の統合化に向けて─」『経済研究（琉球大学)』第 80 号，125-145 頁。

與那原建・岩崎卓也（2011）「キーワードで読み解く「」の読み方」『DIAMOND ハーバード・ビジネス・レビュー』June，90-97 頁。

與那原建（2015）「ダイナミック能力と両利きのマネジメント」『経済研究（琉球大学)』第 89 号，49-63 頁。

與那原建（2017）「オライリー＆タッシュマンのダイナミック能力論─両利きの実現可能性にかかわる命題の検討─」『経済研究（琉球大学)』第 94 号，51-60 頁。

與那原建（2021）「両利き経営と沖縄の可能性～持続的成長をめざして」1950 倶楽部編『沖縄経済と業界発展─歴史と展望─』光文堂コミュニケーションズ，141-188 頁。

與那原建・山内昌斗（2021）『沖縄企業の競争力─歴史考察と理論研究─』文眞堂。

索　　引

著者紹介

與那原 建 (よなはら・たつる)

琉球大学名誉教授（経営学），前琉球大学国際地域創造学部経営プログラム教授。

琉球大学法文学部経済学科経営学専攻卒業の後，神戸商科大学（現兵庫県立大学）大学院経営学研究科博士後期課程単位取得。

共著に『沖縄企業の競争力』（山内昌斗と共編著，文眞堂，2021 年），『沖縄経済と業界発展—歴史と展望—』（1950 倶楽部編，光文堂コミュニケーションズ，2021 年），『経営戦略の基礎』（中橋國藏編著，東京経済情報出版，2008 年）が，また主要論文に「ダイナミック能力と両利きのマネジメント」（『琉球大学経濟研究』2015 年），「キーワードで読み解く「戦略の本質」の読み方」（岩崎卓也と共著『DIAMOND ハーバード・ビジネス・レビュー』2011 年 6 月号）などがある。

競争戦略論の発展と競争優位の持続可能性

2022 年 8 月 25 日第 1 版第 1 刷発行　　　　　　　　　　　検印省略

著　者——與那原　建

発行者——前野　隆
発行所——株式会社 文眞堂
　　　　〒162-0041 東京都新宿区早稲田鶴巻町 533
　　　　TEL：03 (3202) 8480／FAX：03 (3203) 2638
　　　　URL：http://www.bunshin-do.co.jp/
　　　　振替 00120-2-96437

製作……モリモト印刷